北京高校中国特色社会主义理论研究协同创新中心
（对外经济贸易大学）阶段性成果

FALANKEFU XUEPAI YU
ZHONGGUO XIANDAIXING GOUJIAN YANJIU

法兰克福学派与中国现代性构建研究

吕红霞 / 著

人民出版社

目 录
CONTENTS

第 一 章

法兰克福学派与中国现代性构建
研究基本问题

一、法兰克福学派与中国现代性构建研究缘起

人类命运共同体与中国特色社会主义现代化是当代中国人文社会科学研究置身的历史语境。习近平总书记指出,新形势下,我国哲学社会科学地位更加重要、任务更加繁重。哲学是思想中的时代,是时代精神的精华。因此,要深刻把握、引领这样一个重要历史时期,哲学是我们这个时代的当务之急。何为现代性?站在古今中西的双重难题之间,我们该如何思考并构建当代中国的现代性?通过现代性问题反映出的哲学形态的区别与互动以及在此过程中马克思主义指导地位的进一步巩固,是当代中国哲学发展的特色。

在中国语境中,现代性概念于20世纪90年代中后期才被广泛使用,而且呈现出更为复杂广泛的内涵。因为,对如火如荼进行的中国特色社会主义现代化来说,要想不为西方中心论和狭隘的民族主义所左右,在现代化进程中开创出新的路径,需要在思想层面上深刻地认识和反思现代性问题。当代中国现代性的思考和构建是在对西方现代性进行反思和批判的思想背景下展开的。西方思想家关于现代性问题的反思能为中国

的现代性构建提供哪些可资借鉴的理论资源，这种文明交流互鉴的视野是中国现代性构建的思想前提。

正是在这种开放而非封闭的历史和思想背景下，法兰克福学派与中国现代性构建的研究课题开始引起学界的广泛关注和讨论。法兰克福学派是西方马克思主义当中人数最多、持续时间最长、影响最大的一个流派，学派围绕"现代性批判"主题而确立了"批判理论"的研究范式，极大地深化和拓展了马克思主义的批判传统。以 1978 年《哲学译丛》杂志第 5 期、第 6 期开始介绍法兰克福学派为开端，法兰克福学派传入中国。2008 年 9 月，在法兰克福大学召开的"法兰克福学派在中国"国际学术研讨会开始从跨文化角度对法兰克福学派在中国 30 年的"理论旅行"进行理论反思和前景展望。法兰克福学派在中国的传播和历史效果成为一个新的学术生长点。

但是，在这个学术生长点下，"通过来自不同学科、不同视角的数量众多的报告，产生了一个相互反对的总体画面"[1]，并未形成一个系统和富有建设性的理论成果。到目前为止，国内外学界还鲜有研究者对法兰克福学派批判理论在中国语境理论旅行的历史脉络、接受情况及历史效果进行系统、深入的理论探讨。因此，认真梳理并确证法兰克福学派在中国 40 余年理论旅行的历史脉络和效果，仔细辨别法兰克福学派批判理论在中国语境中进行的调整和转化，深入探讨法兰克福学派的现代性批判思想对中国现代性构建的意义，已经成了一项有待深入研究的课题。完成上述研究任务，本书具有如下的意义。

首先，弥补哲学领域对全球化开放视野下现代性问题讨论的不足。

---

[1] [德] 狄安涅:《"批判的向度：法兰克福学派在中国的影响"国际学术讨论会综述》，王凤才译，《哲学动态》2009 年第 2 期。

跨文化的中国现代性思考和构建最早产生于文学领域，所关注的是文学翻译过程中所生成的现代性，比如"个人""现代""科学""国家""社会主义""革命"等具体概念是如何在中国语境中获得合法性的。比较之下，哲学对这一问题的探讨却姗姗来迟。因此，有研究者指出："在当今的情境下，光是依靠欧洲和北美的认识和分析来探讨现代性，以及相关的普遍诉求，已失去正当性。哲学不得不试图以文化间际（intercultural）与跨文化（transcultural）的方式来面对现代问题。"① 作为西方传播学派的一个典型代表，关于现代性的哲学反思与批判构成了法兰克福学派批判理论的核心。而且，法兰克福学派在中国的传播已达到理论反思的高度，已经从简单的"能指"内化到中国现代性哲学话语的建构中来。因此，这一研究将具有世界观层面的哲学理论建构意义。

其次，分析来自不同学科、不同视角的研究形成的相互反对的总体局面，初步探讨建构一种关于中国现代性的批判理论形态。现代性具有辩证的内涵，自我反思是现代性的根本精神特质。中国的现代性构建虽然得益于经验积累、知识的增长，但是也面临着知识困境，"具体表现为知识反思性受抑、价值观变革遇阻、批判性思维匮乏以及教育创新力不足等"② 。要走出这些困境，让知识不仅成为实证的工具，更要成为解放和批判的力量，就必须确立一种以反思批判为旨趣的理论形态。法兰克福学派之所以能在中国经历持续 40 余年的"理论旅行"，并保持势头不减的趋势，就隐含着知识分子对这种理论形态的兴趣。以逻辑与历史的统一为根本方法，从人学构建、启蒙反思、科学理性和文化现代性四个方面对法兰克福学派现代性批判思想在中国语境中的传播和接受来考

---

① ［德］何乏笔:《跨文化批判:中国现代性对批判理论的挑战》，见［德］阿梅龙、［德］狄安涅、刘森林主编:《法兰克福学派在中国》，社会科学文献出版社 2011 年版，第 16 页。

② 魏波:《中国现代性建构中的知识困境》，《自然辩证法研究》2012 年第 2 期。

察，就是对如何确立这种批判理论形态的初步探讨。

最后，为马克思主义哲学与中国现代性构建的研究提供有益补充。由于马克思主义在当代中国已经从一种资本主义现代性批判话语转化为社会主义现代性意识形态，这也导致它对现代性的批判维度被建构维度所遮盖，内在的批判锋芒有所钝化。因而，继承马克思主义的批判主旨，对资本主义现代性展开批判的法兰克福学派批判理论是中国知识分子进行现代性反思批判的最佳理论选择，从而激发中国化马克思主义的批判精神、弥补中国传统文化中社会批判意识不足的缺憾，为中国的现代性构建提供新思路。

二、法兰克福学派与中国现代性构建历史回顾

"法兰克福学派与中国现代性构建研究"这一研究课题的确立是理论研究推进的必然要求，因而它具备一定的理论前提。在对法兰克福学派和当代中国现代性问题的"两头"研究中，有很多方面都初步涉及这个问题。

（一）跨文化视野下的中国现代性理论研究

现代性问题（现代现象）虽然是百余年来欧美和中国知识界所关注的实质性问题，但是在中国语境中，真正将现代性概念提出来，并广泛使用却是在 20 世纪 90 年代以后的事情。"最早系统提出现代性并作为核心概念加以讨论的，是后学派和新左翼，时间在 1994 年左右。"[①] 所

---

① 许纪霖、罗岗等：《启蒙的自我瓦解：1990 年代以来中国思想文化界重大论争研究》，吉林出版集团有限责任公司 2007 年版，第 21 页。

以，真正有意识地从跨文化视域思考中国的现代性问题是当代的事情。从目前有代表性的研究成果看，研究者们或者从翻译的角度探讨西方的诸多现代性概念是如何在中国文学话语中实现合法化，并被注入中国人特有的能动性；或者以各自的基本立场（如保守主义、社会主义等）为前提，援引各不相同的西方理论，思考中国的现代性问题。

刘禾在《跨语际实践——文学，民族文化与被译介的现代性（中国，1900—1937)》（以下简称《跨语际实践》）一书中，将语言实践与文学实践放在中国现代经验的中心。他着重探讨了汉语同欧洲语言和文学（通常是以日语为中介）之间广泛的接触／冲撞，特别关注19世纪与20世纪之交直到全面抗日战争开始这一阶段。他认为，中国现代文学的兴起及其早期的经典化过程就是在这段时间里发生的。这一时期的语言实践和文学实践，"在中国人的国族建构及其关于'现代人'幻想的想象的建构过程中，被视为一种强大的能动力"[①]。借助"跨语际实践"的观念，刘禾旨在批判地反思当代有关东方与西方、语言与权力、历史与变化的种种理论话语状况，力图抛开思考中国现代性问题的东西二元对立方式。

汪晖在《韦伯与中国的现代性问题》一文中提出要揭示隐藏在韦伯社会学的基本范畴背后的历史性，从而将关于中国的"现代性"问题的分析置于文化研究和历史研究的视野之中。但是，从文化视野来建立中国的现代性，这一问题就逻辑地导向对中国现代世界观形成的讨论，因而寻找描述中国社会和文化的基本语言和范畴，主要包括"公""群""社会""国家""民族""个人""科学""进步""社会主义""革命"等基

---

① 刘禾:《跨语际实践——文学，民族文化与被译介的现代性（中国,1900—1937)》（修订译本），宋伟杰等译，生活·读书·新知三联书店 2002 年版，第 3 页。

本范畴，并考察这些语言的形成过程和功能就不可避免地涉及文化的翻译、转义和交流交往过程。

汪晖本想通过论证韦伯社会学基本范畴和西方现代性知识体系的历史性，从而将中国的问题作为特殊的问题来研究，但最后，文章的落脚点却又将中国的现代性问题置于跨文化视域之中来思考。他指出："中国的现代性问题不能仅仅在中国的单一语境中研究，也不能以西方文化为规范进行排他性分析，因为这是一个涉及文化间的交往活动过程。"① 在该文中，汪晖流露出其思想的内在矛盾性：跨文化的研究设想与潜在的东西二元对立的思维方式、对中国现代性本身的认同与质疑等。

与刘禾和汪晖试图从跨文化角度探讨翻译中生成的中国现代性不同，刘小枫在同时期推出的《现代性社会理论绪论——现代性与现代中国》一书中旨在通过协调中西现代性命运的休戚与共和历史差异之间的张力，进一步解构中西二元景观。所以，他试图把中国的现代性问题引到社会理论领域，从而把汉语世界关于现代性的讨论提高到一个新的高度，扭转汉语学界对作为问题的现代性的过多倾注，并在更高的层面上思考"如何让中国的现代性经验参与社会理论的修葺，从而推进对困扰现代思想的现代性问题的把握"②。刘小枫极力解构中西二元景观，无意建构中国化或本土化的社会理论，遭到一些学者批判。曹卫东指出："刘小枫虽然也关注'现代性与现代中国'的问题，但由于他的侧重点在于建构一种现代性的社会理论，因而他在牵涉到当代中国问题时，不

---

① 汪晖：《韦伯与中国的现代性问题》，见《学人》第六辑，江苏文艺出版社1994年版，第418页。

② 刘小枫：《现代性社会理论绪论——现代性与现代中国》，上海三联书店1998年版，第4页。

是没有来得及具体发挥开来，就是被理论话语的阐述所淹没"①。

不满意于刘小枫对现代性理论中国化、本土化的有意淡化，曹卫东在《交往理性与诗学话语》一书中则强调从中国特色社会主义这个特殊语境展开中国的现代性思考。所以，从社会主义现代性构建出发，他认同于后马克思主义的哈贝马斯，同时又有意吸取保守主义的现代性话语（刘小枫的现代性思考立足于保守主义的理论基础），特别是德国保守主义关于超验话语在现代性构建中的作用的观点，尝试在他们理论的紧张当中找到一条进入汉语世界现代性问题的路子，其落脚点是探索一种基于文化共同体主义或者是文化交往主义的比较文学研究路径。但是，诚如作者所说，这项研究仅仅是"交往理性与现代设计——哈贝马斯与中国现代性问题"这个更为庞大的研究计划的一个基础部分。因此，其目的旨在从一个基础层面探讨"哈贝马斯与比较文学"这样一个课题的可能性与可行性，并对中国的文化现代性建设提出一些看法、意见。因而并未形成一个关于哈贝马斯与中国现代性建构的系统性理论成果。

在全球化的历史语境下，跨文化的视野是思考中国现代性构建的必要前提，即使包括新儒家在内的文化保守主义者也认可："当是时也，我们应当与时俱进，反思自己的传统文化，学习和吸收世界各国文化的优长，以发展中国的文化。"②德国学者何乏笔试图以新儒家的跨文化视野为范式为批判理论开辟跨文化潜力，他透过1958年张君劢、唐君毅、牟宗三和徐复观在香港共同发表的《中国文化与世界宣言》一文指出，当代新儒家与法兰克福学派的交汇处显然就是流亡经验，不过他们对中国进行了具有远景性的思考，他们强调学习精神以及传统文化与（中国）

---

① 曹卫东：《交往理性与诗学话语》，天津社会科学院出版社 2001 年版，第 10 页。
② 《甲申文化宣言》，《文学报》2004 年 9 月 9 日。

现代性的和解，这在今天显然是具有远见的主张。相比之下，"批判理论的跨文化突破，比新儒家面对批判理论的挑战更艰难，因为新儒家在跨文化反省方面已达到若干成就，而法兰克福学派的相关条件则严重不足。"①

现代性概念在中国语境中主要是由后学派和新左翼提出的。中国的自由主义者则对现代性问题及现代性理论保持缄默，他们沿着西方现代化理论的思路回应 20 世纪 90 年代提出的现代性问题。对他们而言，不存在跨语际的理论实践。与此正相对应，中国的后学则以一种民族主义的立场强化了近代以来"中国—西方"的二元对立的话语模式。伴随着全球化和中国现代化进程的深入，如何构建中国的现代性已经是我们不可回避的历史课题。因此，我们必须具备一种跨文化的理论视野，从而不至于陷入以往中西二元对立范式的罗网。而且，现代性构建不应仅仅停留于文学领域，而应努力建构一种跨文化的现代性哲学话语。

（二）马克思主义哲学与中国现代性构建研究

随着改革开放和社会主义现代化建设事业的推进，中国社会发生剧烈的转型。这种转型的实质即从传统社会向现代社会的转变。因此，从 20 世纪 90 年代开始，中国现代性建构的问题开始凸显出来，以马克思主义理论为主导的意识形态要找到与西方现代性话语霸权对话、争锋的平台，并掌握中国特色社会主义现代化建设的话语权，就必须突破原初的理论框架，与时俱进，为形成反映"中国道路"和"中国经验"的"中国理论"提供哲学武器。目前，关于马克思主义哲学与中国现代性构建

---

① ［德］何乏笔：《跨文化批判：中国现代性对批判理论的挑战》，见 ［德］阿梅龙、［德］狄安涅、刘森林主编：《法兰克福学派在中国》，社会科学文献出版社 2011 年版，第 21 页。

的研究主要集中在以下三个方面。

1. 马克思现代性思想的当代阐释

将马克思的思想放到现代性的理论框架中进行重新阐释是马克思主义时代化的必然要求。要将马克思主义放置于现代性的理论框架中，首先需要考虑马克思的思想中有无现代性思想？在对这一问题的理解中，丰子义教授的观点具有代表性："判断马克思在现代性研究领域是否拥有自己的地位，或者说有没有现代性的理论，主要不在于他是否提出和使用过与现在完全相同的'现代性'术语及相关概念，而是要看他是否对现代性理论关注的基本问题提出了独特的、实质性的理解。"基于此，他指出："马克思虽然没有明确提出'现代性'的概念，但是基于对社会历史发展的深入考察，还是具体阐发了有关现代性的重要思想，并对现代性做出了新的实质性的理解。"①

那么，究竟该如何理解马克思对现代性所作的新的实质性理解？理论界对此看法不一——主要着重于从全球资本逻辑、以唯物史观为基础的人学理论和立足于共产主义的新现代性建构三个层面来理解。通过彰显这三重维度，试图将马克思的现代性思想与资本主义的现代性理论、西方马克思主义和后现代主义区别开来。

2. 马克思现代性思想与中国现代性构建

通过对马克思现代性思想的当代阐释，理论界一方面旨在推进新的时代背景下马克思哲学研究的纵深化，另一方面掌握马克思现代性思想对中国现代性构建的话语权。那么，从马克思现代性思想出发如何构建中国的现代性，理论界也提出了一些具体建议。这些建议主要体现在方法论视野和价值意义两个方面。

---

① 丰子义：《马克思现代性思想的当代解读》，《中国社会科学》2005 年第 4 期。

丰子义认为，从大的历史尺度看，马克思与我们就可以说是处于"同时代"，或者说都生活在"现代化"过程之中，只不过马克思生活于现代社会的早期阶段，而我们则是处于现代社会比较成熟的阶段。因此，尽管马克思关于现代社会的一些具体看法不一定适用于今天的发展现实，但其有关现代性的基本立场和基本观点对于当代中国现代性构建仍有着重要的方法论意义。

邹广文指出，马克思对现代性问题的思考视野，为我们分析中国的现代性问题提供了科学的方法论视野，具体来反思中国的现代性实践，应注意解决好现代性问题的普遍性与特殊性、中国现代性历史展开过程中所产生的一系列矛盾和价值冲突，以及注重中国未来现代性实践的人文关怀等几个方面的问题。

欧阳康认为，根据马克思论述现代性的三重价值维度，包括中国在内的落后国家和民族在现代化进程中应当充分重视和发挥现代性的革命品格，积极投身于现代化和全球化的历史进程之中；应当努力消灭资本主义现代化的内在矛盾和极限，探寻不同于资本主义经典模式的现代化道路；应当把现代化的一切价值整合到人的解放和人的自由全面发展这个基本的方向，使之成为建设"自由人的联合体"的积极力量。

着重于马克思现代性思想人学维度的学者则认为，马克思"人的自由而全面发展"的思想对当代中国现代性的构建，自觉地推动中国人的现代化，促进中国的改革开放，加快中国的社会主义现代化建设具有重要的意义。

贺来指出："尽管在不同历史阶段人们以不同的方式来理解和阐发马克思哲学，但其理论功能、思想旨趣、表述方式等都是围绕着中国现代性的追求和建构而展开的，马克思哲学始终作为一种现代性的意识形态而获得其存在的合法性和发展的动力，并在中国社会发展的不同历史阶段产生了深远的影响。这一点构成马克思哲学中国命运最值得关注的事实和最根本的特质。"①因此，他认为，我们要挖掘作为意识形态的马克思现代性思想与中国现代性建构之间复杂而深刻的关系。

3. 中国化的马克思主义与中国现代性构建

马克思的现代性思想对中国现代性构建提供的是一种方法论视野和价值指向意义，因而二者之间具有外在的关系。伴随着中国特色社会主义道路、理论、制度和文化自信的进一步确立，中国化的马克思主义与中国现代性构建的研究课题则将上述外在关系转变为内在关系的考察，即马克思主义这一客体在中国语境中以何种不同的方式将自己呈现给主体。

邹诗鹏认为，中国是通过马克思主义确立并获得现代性的资格与身份的，马克思主义中国化是"接着"马克思思想的开放性"往下说"的。马克思主义中国化使中国实现了个体的群体性启蒙和民族意识的现代性启蒙两大启蒙任务，促进了中国文化传统的现代转换，并造就了儒家化的马克思主义，也初步形成了一套现代性的社会思想观念。当代中国的马克思主义应当努力构建一套以公民社会及其机制建设为核心观念的现代性理论话语体系。②

赵剑英、干春松在考察中国人的现代文化认同时指出，由于我们的具体目标已经转变为"中华民族的伟大复兴"，所以，"在为现代的社会秩序寻求合法性依据，为中国人民寻找价值支点的时候，则进一步地沿着'马克思主义和中国的具体实践相结合'的路径……合法性的依据由一成不变的理论转变为对中国特殊性、'中国经验'的重视，并在此基

---

① 贺来：《"现代性"的反省与马克思哲学研究纵深推进的生长点》，《求是学刊》2005年第1期。
② 邹诗鹏：《马克思主义中国化与中国现代性的建构》，《中国社会科学》2005年第1期。

础上进行理论升华和创造"。①

李佑新也认为，中国语境除了现实的政治经济等因素外，还包括以儒家为主的历史文化因素，所以，马克思主义中国化在面对现代性问题时也要关注现代人心性结构的重建。这是中国化的马克思主义在中国语境中解决现代性问题的一个重要目标。②

除了上述在制度、文化层面探讨二者的相互生成外，郗戈认为"现代"的时间意识是二者相互契合的一个重要维度。他从历史唯物主义中国化的维度对这一问题进行了思考。他指出：中国化的历史唯物主义与中国现代性之间"相互形塑"与"双向生成"，主要体现在历史唯物主义将进步的历史意识植入现代中国的文化核心；历史唯物主义引导着现代中国的时代定位与时代规划；历史唯物主义为现代中国的发展提供历史向导，塑造着现代中国的发展方向。中国特色社会主义理论体系是历史唯物主义中国化与中国现代性构建相互结合的当代典范。③

随着马克思主义中国化与中国现代性构建问题意识的凸显，也出现了以此为题的硕士、博士学位论文，例如武汉大学刘国胜的博士学位论文《中国现代性建构与马克思主义中国化》（2011 年）、西南政法大学王勇的硕士学位论文《中国现代性的建构与马克思主义哲学中国化》（2010 年）等。

然而，面对现代化道路的一般困境，对于中国化的马克思主义意识形态来说，要发挥其批判精神，塑造一种社会批判的理论形态已经十分

---

① 赵剑英、干春松：《现代性与近代以来中国人的文化认同危机及重构》，《学术月刊》2005 年第 1 期。

② 李佑新：《现代性问题与中国现代性的建构》，《北京大学学报（哲学社会科学版）》2005 年第 2 期。

③ 郗戈：《历史唯物主义中国化与中国现代性建构》，《江海学刊》2012 年第 1 期。

困难。因为，在中国语境中，马克思哲学始终作为一种现代性的意识形态，意味着将面临如下危险："当某种'旅行理论'被转化为一项官方的教条，这也就意味着某些易引起麻烦的问题将无法得到公开的讨论，于是它的反思过程也被终止了。"① 因此，中国的知识分子(包括马克思主义知识分子) 意识到这种困境，在以马克思主义为主导的现代性话语建构之外，也在寻求另外一种激进的批判话语力量，从而为中国的现代性构建提供反省。

(三) 法兰克福学派与中国现代性构建研究

法兰克福学派与中国现代性构建研究就是对上述新思路的具体展开。目前，学界关于这一课题所取得的相关研究成果主要包括以下三个方面。

1. 法兰克福学派的现代性理论研究

国内最早从现代性的角度思考法兰克福学派批判理论的是曹卫东。针对 20 世纪 90 年代中后期中国学界借用或挪用法兰克福学派的文化工业理论对大众文化的批判现象，曹卫东在《法兰克福学派的历史效果》一文中指出："过于强调法兰克福学派当中的个别人物所从事的文化批评实践，简单地把法兰克福学派的批判理论称为大众文化批判，实在是有悖于其精神和原旨。"法兰克福学派"共同的兴趣，与其说是所谓的大众文化批判，毋宁说是社会批判和理性重建，再概括一点，就是现代性批判"② 。在这篇文章中，曹卫东还首次提出了法兰克福学派的现代性理论"文化际"的历史效果问题。

---

① 杨美惠、叶楠:《传统、旅行的人类学与中国的现代性话语》,《中国农业大学学报(社会科学版)》2007 年第 2 期。

② 曹卫东:《法兰克福学派的历史效果》,《读书》1997 年第 11 期。

　　傅永军首次系统研究了法兰克福学派现代性理论的三个维度（解放的、反思的和重建的），并试图将批判理论上升为一种关于现代性的规范理论。他从尼格尔·多德的现代社会理论出发，认为："法兰克福学派的现代性理论不是一种经验的描述性理论，而是一种理性的规范性理论；它要提供的……是一种具有内部紧密联系的概念、范畴和解释模型，以供现代人用以理解现代世界的存有形象和价值内涵，并通过这种理解构造一种设计社会改良与进步的现代性的规范工程。因此，就最终意义说，批判理论的现代性理论是一种关于现代性工程的规范性的反省理论和辩护理论。"①

　　与此同时，随着哈贝马斯在国际领域所获得的声望日增，国内学界重点关注了哈贝马斯的现代性理论。其中，汪行福的《走出时代的困境——哈贝马斯对现代性的反思》（上海社会科学院出版社 2000 年版）、曹卫东的《交往理性与诗学话语》（天津社会科学院出版社 2001 年版）和彭国华的《重构合理的生活世界：哈贝马斯的现代性理论研究》（北京师范大学出版社 2015 年版）这三部著作具有代表性。汪行福认为，哈贝马斯的现代性理论，一方面是对以主体哲学为范式的启蒙运动和传统批判理论的替代，是精神上的"弑父"行为；另一方面，与 20 世纪 70 年代起西方日益浓郁的反启蒙和反现代性的文化氛围和政治气候有直接关系。因此，他认为，哈贝马斯的现代性"涉及从传统思辨哲学到现代社会的政治问题……这些问题可以归结为两大问题：现代性的理性基础，即合理性问题；现代性的实现形式，即合理化问题"②。在对哈贝

---

① 傅永军：《法兰克福学派的现代性理论》，社会科学文献出版社 2007 年版，第 4—5 页。

② 汪行福：《走出时代的困境——哈贝马斯对现代性的反思》，上海社会科学院出版社 2000 年版，第 20 页。

马斯现代性的评价方面，汪行福认为，哈贝马斯对现代性困境（意识哲学的困境，而非历史的困境）的诊断、欧洲中心主义的理论视野及其对马克思的劳动理论和阶级理论的误解都值得怀疑和深思。

除了对哈贝马斯现代性理论的关注，近几年来，学界也出现了从现代性理论角度研究马尔库塞思想的回潮现象。此外，国内学界还从批判理论的美学维度、批判理论的马克思主义倾向等方面对法兰克福学派的现代性理论进行解读。

上述关于法兰克福学派现代性理论的研究在落脚点上都思考了法兰克福学派现代性理论的语境化问题。研究者们普遍认为，法兰克福学派的现代性理论立足于启蒙理性高度发达的现代性批判和欧洲中心论的理论视野，这与中国的社会现实存在着距离。如此一来，关于法兰克福学派在中国的影响和意义究竟如何，就成为学界进一步思考的内容。

2. 法兰克福学派在中国的影响和意义研究

关于法兰克福学派在中国的影响和意义，曹卫东早在 1997 年就针对"文化批评"的理解进行了澄清。他指出："对于和法兰克福学派有着天壤般文化差异的我们来讲，它在文化际意义上的历史效果就显得更为突出，更为重要。"[1] 这种跨文化的历史效果在他看来主要体现在：提醒我们必须正视当前社会主义在世界范围内所遭遇的深刻的挑战；要重视中国现代化过程中的超验话语问题；要注意妥善处理中国现代性建构的中西文化关系问题。总之，法兰克福学派的现代性批判可以帮助我们在现代化过程中少走弯路。之后，曹卫东还以哈贝马斯的《公共领域的结构转型》一书在汉语世界的接受、研究与应用为例，具体探讨了法兰

---

[1] 曹卫东：《法兰克福学派的历史效果》，《读书》1997 年第 11 期。

克福学派在中国的影响及意义。①

　　陈学明对法兰克福学派批判理论在中国的积极意义予以了充分肯定。他认为，否定法兰克福学派批判理论在当代中国具有积极意义的人，他们的主要理由是：目前中国尚处于"前现代化"时期，尚处于向现代化的过渡之中，现在还不是解决法兰克福学派所揭示的这些问题的时候。法兰克福学派所批判的现代化的种种负面效应，是实现现代化所必然要付出的代价。陈学明认为，这种"代价不可避免"论的提出者，是在向人们兜售历史决定论，即机械的历史决定论。②

　　赵勇从文化研究的视角指出：经过了 1997 年，学界谈论法兰克福学派的热情与兴趣锐减，这距离马丁·杰伊先生所说的"杂交"成果相去甚远。没落的原因在于，法兰克福学派一度扮演的是"能指"的角色，等"所指"出场后，"能指"即完成了它的历史使命而被历史遗弃。但是，对于中国而言，批判理论并不过剩。因此，马丁·杰伊所谓的法兰克福学派的"理论旅行"要落到实处，还需要认真探讨法兰克福学派与中国的关系问题。③

　　汪洋指出："在把法兰克福学派的批判理论应用中国的现实时，知识界有两种不同的态度和观点。一种主要是应用，认为中国新出现的问题和当初法兰克福学派批评家面临的问题一样或相似，欣赏法兰克福批判理论的深度和尖锐性；另一种虽然不反对应用，但更注意批判对象的差异，质疑把法兰克福学派批判理论直接运用于中国现实的适切性。这

---

① 曹卫东：《哈贝马斯在汉语世界的历史效果——以〈公共领域的结构转型〉为例》，《现代哲学》2005 年第 1 期。
② 陈学明：《法兰克福学派的批判理论在当代中国的意义》，《江海学刊》2000 年第 5 期。
③ 赵勇：《法兰克福学派的中国之旅——从一篇被人遗忘的"序言"说起》，《书屋》2004 年第 3 期。

两种不同的态度有时产生对立和观点的交锋。"①

在法兰克福学派传入中国 30 周年之际，其"文化际"的历史效果引起了包括法兰克福学派当代成员在内的研究者的关注。2008 年在德国法兰克福大学召开的"法兰克福学派在中国"国际学术研讨会对法兰克福学派在中国的影响和意义进行了深入讨论。在研讨会开幕致辞中，霍耐特指出，中国的研究者并没有关注批判理论的最新发展，而是关注着批判理论在社会研究所成立和流亡时期的一些代表，哈贝马斯是个例外。于是，这里便出现了一个特有的不对应现象："一方面我们这里恰好渐渐看到了批判理论在文化指向上的局限性；另一方面目前亚洲则尤其关注着批判理论带有欧洲中心色彩的方面。"② 针对这种不对应现象，霍耐特给出了三种解释：第一，法兰克福学派早期代表所披露的由现代化而带来的特定倒退和社会病症，对于不同的现代化路径具有普遍意义；第二，法兰克福学派的经典著作在今天的中国已经被看作欧洲文化遗产的一种，因而具有某种特定的价值；第三，法兰克福学派的著述被中国学术知识分子认为具有解释当下社会和心理问题的威力。

针对霍耐特的第一种解释，德国学者亚里斯·德米罗维克认为，对旧批判理论普遍性问题的探讨并不应归于人们对旧批判理论是否具有普遍性的怀疑，而更多的是基于人们对该理论应用的探索。旧批判理论更多采用的是一种否定的普遍论形式。

中国学者贺翠香指出："毋庸置疑，中国本土语境接受和传播法兰克福学派的批判理论绝不是将之看作是欧洲文化遗产的经典来共享，而

---

① 汪洋：《法兰克福学派理论在中国的运用》，《社会科学论坛》2005 年第 5 期。
② ［德］霍耐特：《法兰克福学派与中国——"法兰克福学派在中国"国际学术研讨会开幕致辞》，王才勇译，见 ［德］阿梅龙、［德］狄安涅、刘森林主编：《法兰克福学派在中国》，社会科学文献出版社 2011 年版，第 3 页。

是由中国现实的社会需求出发，积极地向西方借鉴能用来指导和解决我们社会问题的理论诉求。"同时，"我们之所以热衷于第一、二代人的批判理论，而有些'冷落'法兰克福学派批判理论的最新进展，即有关'承认，还是再分配'的国际正义争论，是因为中国国情不同"。总之，"法兰克福学派批判理论在中国 40 多年的历史效果似乎已经证明，它并未被视作'正统教规'，也没被等同于一个漂浮的能指，而是实实在在地与中国的本土语境杂交，产生了诸多积极而有创造力的反响"①。

区别于贺翠香的观点，傅永军认为："法兰克福学派的社会及文化批判的思想在中国的效应就被严格限制在学术界，作为一种批判社会和进行文化批判的学术话语为中国知识分子的文化批判活动提供学术后援……因此，它在中国至多掀起的是书卷中的风暴，成为知识分子愤世嫉俗性格的话语实行模式之一。"②关于法兰克福学派在中国的意义，傅永军认为，尽管没有演化为一种用于改造社会的实践话语，但是法兰克福学派"偏重于价值分析的现代性批判理论为中国学界所稀缺，因此极为容易为中国学术界所接受，并作为一种批判与分析的范式，应用于反思中国的现代性经验。所以，只要中国的现代性建构一日不完成，社会批判理论在中国学术界就会持续地发挥自己的思想效应，就不会从中国现实的理论生活中退出，成为思想史上的遗产"③。

除了对法兰克福学派在中国的影响和意义进行整体性评判之外，理

---

① 贺翠香：《法兰克福学派在中国的影响及意义》，《马克思主义与现实》2012 年第 1 期。
② 傅永军：《接受与拒斥——批判理论在中国大陆的命运》，见〔德〕阿梅龙、〔德〕狄安涅、刘森林主编：《法兰克福学派在中国》，社会科学文献出版社 2011 年版，第 32 页。
③ 傅永军：《接受与拒斥——批判理论在中国大陆的命运》，见〔德〕阿梅龙、〔德〕狄安涅、刘森林主编：《法兰克福学派在中国》，社会科学文献出版社 2011 年版，第 37 页。

论界还重点对法兰克福学派的代表著作《启蒙辩证法——哲学断片》、代表人物哈贝马斯及法兰克福学派的文化与艺术理论在中国的影响和意义进行了分别探讨。

关于《启蒙辩证法——哲学断片》在中国的影响，刘森林认为，受自由主义日益兴盛的持续性影响，学界对《启蒙辩证法——哲学断片》过于悲观的解读加重了虚无主义思潮的蔓延，对中国的文化建设、制度改革和建构都起了明显的消极作用。所以，他认为，在中国现代化建设的历史语境中，应该凸现《启蒙辩证法——哲学断片》"批判性揭示的建设性意义，凸现启蒙过程的复杂性、未终结性并拒斥启蒙过程就是以野蛮、欺骗终结的简单之见，凸现处在辩证过程中的我们主动行为的迫切性和重要性"[1]。在此意义上，作者指出，在中国的现实语境中应该尤其注意，"《启蒙辩证法——哲学断片》的诸多结论是需要严格限定其适用层次和空间的"[2]，即其只是针对文化层面的诊断和德国这个自由主义传统不够发达的国度。

关于法兰克福学派第二代代表人物哈贝马斯在中国的影响，德国学者苏娜指出，中国关于哈贝马斯的讨论是在国内文化反思的过程中发生的。"这场反思包括两大核心问题：一是知识分子的批判精神（知识分子是否可以，甚至必须介入政治），二是对中国转型过程的评价。"[3] 不过，由于 2001 年哈贝马斯在访华期间不仅没有体现出批判资本主义和全球化的一面，甚至对美国入侵科索沃也没有表示反对，这就使得中国

---

[1]　刘森林：《〈启蒙辩证法〉与中国虚无主义》，《现代哲学》2009 年第 1 期。

[2]　刘森林：《〈启蒙辩证法〉与中国虚无主义》，《现代哲学》2009 年第 1 期。

[3]　［德］苏娜：《本土化视角下的哈贝马斯——从中国政治改革论争看法兰克福学派的影响》，见［德］阿梅龙、［德］狄安涅、刘森林主编：《法兰克福学派在中国》，社会科学文献出版社 2011 年版，第 147 页。

的正统马克思主义者和具有民族主义倾向的左派们不由萌生了一种被欺骗的感觉。从而，也使得中国的马克思主义者对哈贝马斯理论的接受、研究和应用与哈贝马斯的理论本身之间始终存在一种批判性的距离，并致力于哈贝马斯现代性理论的本土化、语境化研究。其中，以童世骏和曹卫东分别对哈贝马斯的"生活世界"和"公共领域"的本土化研究为代表。①

关于法兰克福学派的文艺理论在中国的影响和意义是理论界分歧较大、探讨较为深入的内容。其中，情感上较为亲近法兰克福学派的中国学者，以赵勇、尤战生、朱国华等为代表。② 他们认为，法兰克福学派的文化工业理论在当今中国并不过剩，所以，应该透过更为细致的理论研究，探讨其对中国的积极意义。而对法兰克福学派文化工业理论在中国的应用表示担忧的学者，以徐贲和陶东风提出的"走出阿多诺模式"③和"错位说"④ 为代表。

针对上述两种观点，傅永军指出："社会批判理论必须'本土化'，才能应对中国问题。"在这一点上，他们并无不同。"他们的不同仅仅在

---

① 参见童世骏：《关于"重叠共识"的"重叠共识"》，见［德］阿梅龙、［德］狄安涅、刘森林主编：《法兰克福学派在中国》，社会科学文献出版社 2011 年版，第 158—170 页；曹卫东：《一种中国特色的农村公共领域是否可能》，见［德］阿梅龙、［德］狄安涅、刘森林主编：《法兰克福学派在中国》，社会科学文献出版社 2011 年版，第 171—181 页。

② 参见赵勇：《整合与颠覆：大众文化的辩证法——法兰克福学派的大众文化理论》，北京大学出版社 2005 年版；尤战生：《流行的代价——法兰克福学派大众文化批判理论研究》，山东大学出版社 2006 年版；朱国华：《阿多诺的大众文化观与中国语境》，《文艺研究》2012 年第 11 期。

③ 参见徐贲：《文化批评往何处去——八十年代末后的中国文化讨论》，吉林出版集团有限责任公司 2011 年版，第 148、152 页。

④ 参见陶东风：《批判理论与中国大众文化批评》，见刘军宁等编：《经济民主与经济自由》，生活·读书·新知三联书店 1997 年版，第 292 页。

于，前者承认社会批判理论可以被借用来抗拒和反抗中国现代性的负面效应，当然必须在本土化过程中适应中国语境，而后者则不承认社会批判理论可以应用到中国现实，即使在中国语境下完成了本土化。这种不同的意义不在于差别，而在于同一，即对待西方激进批判理论的审慎态度。"①

如何评判法兰克福学派批判理论在中国的影响和意义这一问题，持不同态度的研究者在落脚点上都提出了社会批判理论的"本土化"问题，即在中国语境中，如何借用甚至创造性地转化法兰克福学派的批判理论。这一趋势是伴随着 21 世纪初期理论本土化、中国化的讨论热潮而出现的。诚如德国学者苏娜所指出："在过去 10 年中，对本土化或中国化的诉求是如此强烈，以至于每一位援引外来理念的人，都不得不摆出防守姿态。"②

所以，在讨论法兰克福学派对中国现代性构建的意义时，一种普遍的观点认为，既要把握法兰克福学派对现代性的批判和否定方面，也要关注其对现代性的肯定与治疗方面，从而思考其对中国现代性构建的启示意义。陈学明指出，要完整地把握以法兰克福学派批判理论为代表的"西方马克思主义"。他们"对现代性的态度从总的来说是一种辩证的态度，正是这种对现代性的辩证的态度会给予正在追求现代性、从事社会主义现代化建设的中国人民莫大的启示"③。丰子义、郗戈分别从法兰克

---

① 傅永军：《接受与拒斥——批判理论在中国大陆的命运》，见［德］阿梅龙、［德］狄安涅、刘森林主编：《法兰克福学派在中国》，社会科学文献出版社 2011 年版，第 31 页。

② ［德］苏娜：《本土化视角下的哈贝马斯——从中国政治改革论争看法兰克福学派的影响》，见［德］阿梅龙、［德］狄安涅、刘森林主编：《法兰克福学派在中国》，社会科学文献出版社 2011 年版，第 152 页。

③ 陈学明：《辩证地对待现代性——"西方马克思主义"给予我们的启示》，《求是学刊》2004 年第 4 期。

福学派的新型人学立场、"反思启蒙"与"重新启蒙"的问题意识、"超越现代性"与"重建现代性"的实践目标、熔批判与建构于一炉的研究方式等四个层面探讨法兰克福学派批判理论对中国现代性建构的合理价值、致思方向和合理选择。① 由此可见,在中国语境中对法兰克福学派现代性批判理论的防守姿态表现在为中国化的马克思主义提供自我反思的理论支持。

三、中国现代性问题概述

(一) 概念界定

本书所要探讨的是法兰克福学派与当代中国现代性建构的关系问题,因而,首先需要明确的概念有两个:法兰克福学派和现代性。其中,需要着重界定的是"现代性"这一概念。

法兰克福学派(这一名称形成于 20 世纪 60 年代)是西方马克思主义当中人数最多、持续时间最长、影响最大的一个流派。学派最初创立于 20 世纪 20 年代魏玛共和国的危机之中。但是,一般来说,学界普遍倾向于将霍克海默就任社会研究所所长看作是法兰克福学派正式成立的标志。在罗尔夫·魏格豪斯看来,一个制度框架(社会研究所)、一位卡里斯玛型的领袖人物(霍克海默)、一份宣言(《社会哲学的现状与社会研究所的任务》)、一种新范式(批判理论)、一种"跨学科"的研究方法,还有一份机关刊物(《社会研究杂志》),这些标志着法兰克福学

---

① 丰子义、郗戈:《法兰克福学派社会批判理论与当代中国现代性建构》,《学习与探索》2009 年第 2 期。

派的正式诞生。① 法兰克福学派成员众多，除了少数核心人物，其余都保持着松散的联系。到目前为止，学界普遍认可它的传承已经历两代，第三代是否已经形成还不是很明朗，并且存在争论。考虑到法兰克福学派在中国语境中的实际被接受情况，本书所论及的法兰克福学派特指第一代的代表人物霍克海默、阿多诺、马尔库塞和第二代的代表人物哈贝马斯及他们的现代性批判理论。

"现代性"与"现代"、"现代化"构成一组描述现代社会的关键术语。在《现代的时代意识及其自我确证的要求》一文中，哈贝马斯对这三个术语进行了概念史考察。具体来看，"现代"是与"传统"相对应的一种历史意识，用来标识"新的时代"。马克思指出："时间实际上是人的积极存在，它不仅是人的生命的尺度，而且是人的发展的空间。"② 在现代的时间域中，人类开辟了新的生存空间，由此形成了现代社会。现代社会不同于中世纪时期的传统社会，不再从自身之外的"上帝之城"借用发展的准则，而是要努力地进行自我确证，自己为自己制定规范。

现代性就是一个表明现代社会自我确证的范畴。现代首先在审美领域确证自己，将自己名词化。波德莱尔写道："他（浪荡子）寻找我们可以称为现代性的那种东西，因为再没有更好的词来表达我们现在谈的这种观念了。对他来说，问题在于从流行的东西中提取它可能包含的在历史中富有诗意的东西，从短暂中抽取永恒。"③ 由此可见，现代性就是暂时的现象，它需要从这种暂时性中寻找永恒性。这种短暂性与永恒性

---

① ［德］罗尔夫·魏格豪斯：《法兰克福学派：历史、理论及政治影响》上册，孟登迎、赵文、刘凯译，上海人民出版社 2010 年版，第 5 页。
② 《马克思恩格斯全集》第 47 卷，人民出版社 1979 年版，第 532 页。
③ ［法］波德莱尔：《波德莱尔美学论文选》，郭宏安译，人民文学出版社 2008 年版，第 439—440 页。

的统一体现在审美体验中、体现在艺术作品中。所以，"现代性"一词至今仍具有"审美现代性"的内涵。

黑格尔是使现代性上升至哲学问题的第一人。他指出，哲学就是从思维的角度来把握时代，即现代。黑格尔认为，主体性原则是现代社会的基本原则，体现在现代社会的所有领域。根据这个原则，黑格尔阐明了现代社会的优越性及危机所在，表明现代社会是一个进步与异化精神共存的世界。因此，对黑格尔来说，现代社会的自我确证包含着对自身的批判。但是，在黑格尔哲学中，现代的自我确证在以绝对理性为主导的主体性原则中迷失了方向，现代社会的自我确证成为独白，从而使得现代性获得自我意识的前提，现代自身内部的分裂中立化了，最终代价是贬低了哲学的现实意义，弱化了哲学的批判意义。

马克思的新唯物主义直接从现代社会的分裂出发，表现为对现状的超越。马克思指出："实际上，而且对实践的唯物主义者即共产主义者来说，全部问题都在于使现存世界革命化，实际地反对并改变现存的事物。"①通过政治经济学研究，马克思将资本逻辑看作现代性的主体性原则，从而对现代性的自我确证做了新的实质性理解。但是，不同于黑格尔主体性原则的理性霸权，马克思认为，资本的总体性逻辑同时创造着消灭自身的物质力量。所以，现代社会的自我确证和自我否定是同一问题的两个方面。

由此可见，现代性的根本内涵就是现代社会的自我理解，是对现代社会的本质确证。它是一个总体性概念。其总体性表现在两个方面：从内容上看，它以主体性为原则，包括商品经济、科学技术、民主政治、文化多元等可以进行多方面客观把握的东西。从性质上看，它又具有辩

---

① 《马克思恩格斯选集》第 1 卷，人民出版社 2012 年版，第 155 页。

证的内涵，具有暂时性和永恒性、建构和批判的双重意蕴，反思性、批判性是现代性的根本精神特质。现代性和现代性批判构成现代社会不可或缺的两个维度。正是在此意义上，吉登斯认为，现代社会是反思性社会。哈贝马斯认为，批判传统赋予现代性不竭的动力，现代性仍然是一个不断生成的过程。

比较而言，现代化是一个比现代性晚出的概念。现代化是在马克斯·韦伯的思想背景下形成的，指的是经济、技术、政治和生活方式等的有序化和世俗化。因而，它按照社会学功能主义的思路抽象地发展了现代性的某些方面，并将其加以普遍化。哈贝马斯指出："'现代化'（modernisierung）一词直到二十世纪五十年代才被作为一个术语广泛采用。此后，这个术语表示这样一种理论立场，即它开始讨论韦伯所提出来的问题，而且还用社会学的功能主义方法对其加以发挥。……现代化理论比韦伯的'现代'概念更加抽象，这主要表现在下述两个方面：首先，它把现代性从现代欧洲的起源中分离了出来，并把现代性描述成一种一般意义上的社会发展模式；就时空而言，这种模式是中性的。此外，它还隔断了现代性与西方理性主义的历史语境之间的内在联系，因此，我们不能再把现代化过程看作是理性化过程和理性结构的历史客观化。"①

在中国语境中，我们向现代社会的转型探索经历了一个相反的过程，即首先注意到具有普遍性内涵的现代化层面的内容，后来才关注到具有特殊性内涵的主体性、启蒙、科学理性等文化层面的内容。因此，具备总体性特征的现代性概念是一个比现代化较晚出现的概念。而且，由于现代性与西方理性主义文化传统的内在联系，加之西方思想界对自

---

① ［德］于尔根·哈贝马斯：《现代性的哲学话语》，曹卫东等译，译林出版社 2004 年版，第 3 页。

身理性主义传统的深入反思和批判，这就导致在中国语境中对现代性的哲学探讨一开始就围绕"现代性问题"而展开，并且更为强调中国语境中的文化自主性因素。

（二）主要内容

首先，主体性是现代社会的基本原则，现代性的基本主题是"树人"。当代中国现代性问题的提出也是围绕着这一主题而展开的。法兰克福学派最初是作为西方马克思主义的一个理论形态传入中国，即被看作"人道主义的马克思主义"，作为对传统马克思主义的补充。因此，"法兰克福学派与当代中国的人学"在逻辑和现实起点上都成为本书的开端。本书第二章以回顾 20 世纪 70 年代末 80 年代初的中国语境为开端，主要通过对"法兰克福学派与中国的'《手稿》热'"这一学术问题、法兰克福学派与当代中国现代性的主体性问题这一现实问题进行论述，揭示当代中国现代性建构的"立人"过程，并提出要继续推进社会主义现代化建设，使其富含活力，就要释放现代性人学立场的批判潜力，吸收和借鉴法兰克福学派人学思想的批判向度。

其次，现代性的自我确证是近代以来启蒙运动的核心问题。所以，要构建当代中国的现代性，就必然要论及启蒙问题。当代中国现代性构建的特殊性在于包含了以马克思主义为内容的价值取向。如何在马克思主义理论视域内思考和推进中国的启蒙是当代中国现代性构建的重要任务。上述理论课题决定了在中国语境中展开的将是一种不同于西方启蒙运动的新启蒙。这种新启蒙是在马克思主义立场上对传统启蒙的反思和重新开启。法兰克福学派就是在马克思主义社会批判理论的方向上确立了反思启蒙与重启启蒙的问题意识。因此，通过对法兰克福学派新启蒙哲学的具体阐释，分析其与当代中国新启蒙主义的内在关系，并借助于这个"他者"，来反思当代中国的启蒙问题。

再次，科学技术是现代性家族的基础性范畴，现代性的生成和现代性问题的出现都与科学技术密切相关。在当代中国语境中，一方面，"科学技术是第一生产力"已经成为社会主义现代化意识形态的重要组成部分；另一方面，科学理性还远未成为当代中国现代性的基础性支撑，这就导致科学技术实际在经济社会发展中处于从属的地位。因此，大力弘扬科学理性是当代中国现代性建构的重要内容。以技术理性为核心的工具理性批判是法兰克福学派批判理论的鲜明特色。通过对法兰克福学派技术理性批判的原初理论及其在中国语境中的创造性转化进行阐释和对比，意在思考：中国现代性建构如何有效摆脱技术理性的支配，进而培育科学理性，改良背景文化，并将二者有机统一起来，从而实现内涵式发展。

最后，文化现代性是现代社会确立不可或缺的重要维度。文化现代性与社会现代化相对应，是法兰克福学派批判理论家试图超越现代性和重建现代性的致思方向。不过，对于哈贝马斯来说，这是一种社会整合的有效资源，对于他的先驱来说则是一条超越现代性的根本途径。第五章通过对马尔库塞和阿多诺的形式美学、哈贝马斯的文化现代性理论进行阐释，并对其在中国的接受情况进行考察，力图探讨如何在中国特色社会主义语境内推进文化现代性——文化诸价值领域获得充分自律，并发挥道德、艺术等的批判潜能，从而彰显当代中国现代性建构中的文化自主性因素。

（三）研究方法

在上述研究思路展开过程中，本书主要遵循以下几种研究方法。

第一，逻辑与历史相统一的方法。要对法兰克福学派现代性批判理论在中国的接受方式、研究进程进行总结和反思，既要把握中国改革开放的发展脉络，又要用辩证逻辑分析的方法考察理论内在的演进逻辑。

第二，跨学科综合研究的方法。法兰克福学派成立之初即确立了"跨学科"的研究方法。因此，以法兰克福学派在中国的研究为理论指导，既要忠实于学派"跨学科"的研究方法，又要借鉴心理学、文艺学、政治学、社会学的研究方法，以历史材料为依据，探讨其在中国的历史效果及创造性转化的可能性。

第三，批判和借鉴相结合的方法。法兰克福学派作为具有地域（欧洲中心主义）特征的学术流派，在参与中国问题的讨论中，要对其坚持辩证的态度。

第四，知识社会学的方法。借鉴知识社会学的观点，对理论界接受、研究批判理论的社会基础、来龙去脉进行考察，揭示出对批判理论持不同态度的接受者在社会中受利益等因素约束的特定根源，从而展现出每种观点的特殊性和局限性。

第二章

法兰克福学派与当代中国的人学

马克思是社会批判理论的创始人。马克思、恩格斯逝世之后，马克思主义内部出现了分化，相继产生了第二国际的马克思主义思潮、第三国际的马克思主义思潮和"西方马克思主义"思潮。以卢卡奇为代表的早期西方马克思主义者以物化、总体性、阶级意识等范畴对马克思主义所作的新理解开拓了马克思主义研究的人道主义新路径，并成为后来一些理论家在新的时代背景下发展马克思主义的重要立场。法兰克福学派的社会批判理论就是通过将隐藏在早期西方马克思主义中的人道主义逻辑进一步凸显，并采取跨学科研究方法，从而开创出一条独特的理论道路。

霍克海默在1931年出任法兰克福社会研究所第二任所长时的就职演说中指出："社会哲学的最终目标就是，对并非仅仅作为个体的、而是作为社会共同体成员的人的命运进行哲学阐释。"[1]从事每一项理论研究，尤其是与人的命运息息相关的研究，与研究者的兴趣密切相关。哈贝马斯在《认识与兴趣》一书中试图确立批判理论的认识论基础。他总结了认识与兴趣的三种关系，即技术的兴趣、实践的兴趣、解放的兴趣。其中，解放的兴趣就是人类对自由、独立和主体性的兴趣，其目的

---

[1] ［德］霍克海默：《社会哲学的现状与社会研究所的任务》，王凤才译，《马克思主义与现实》2011年第5期。

是将人从依附于其对象的力量中解放出来。批判理论就是在解放的兴趣的基础上建立起来的，其目标是社会解放，是在人与人之间建立一种没有统治的交往关系和取得一种普遍的、没有压制的共识，因而是认识与兴趣的真正的统一。所以，批判理论本质上是以对人类生存进行合乎理性的组织为目的的理论形态。

从 1978 年《哲学译丛》杂志对法兰克福学派的介绍和翻译开始，法兰克福学派在中国已经有 40 多年的传播历程。从法兰克福学派传入中国的时间契机来看，20 世纪 70 年代末，中国经过了十年"文革"，百废待兴，"两个凡是"禁锢着人们的思想。以"真理标准问题大讨论"为契机，党内很快掀起了解放思想的大潮。与此同时，在思想文化领域，"西风"又起，开始了中国近现代史上又一轮"西学东渐"，各种西方学说、思潮陆续登场。在对传统马克思主义进行重新审视的过程中，西方马克思主义对马克思主义的人道主义解释首先引起了研究者们的关注。法兰克福学派最初是作为西方马克思主义的一个理论形态传入中国的，作为对传统马克思主义的补充。

在此背景下，在法兰克福学派的众多代表人物当中，首先被中国理论界所关注的是弗洛姆和马尔库塞，尤其是两人对青年马克思《1844年经济学哲学手稿》进行的人道主义解读的思想。据统计："1978—1988 年的十年间，在专门的论文方面，论述弗洛姆的专门论文约有 17篇，论述马尔库塞的论文约有 6 篇，关于阿多诺的论文只有 3 篇，其中2 篇是关于音乐方面的，而关于霍克海默的论文则 1 篇也没有，关于哈贝马斯的论文只有 3 篇。"[①] 这种人道主义的解读方式成为中国学术界理

---

① 　王晓升：《为个性自由而斗争——法兰克福学派社会历史理论评述》，社会科学文献出版社 2009 年版，第 7 页。

解法兰克福学派的主要模式，对当代中国现代性"主体性"问题的提出
及人学理论建构具有重要的理论意义。

一、人道主义和异化问题争论

马克思主义与人道主义之间有着密切的历史渊源和复杂的理论交
织，同时也存在巨大的理论分歧。关于马克思主义与人道主义之间的区
别和联系问题既是重要的理论问题，也是重大的现实政治问题。在马克
思主义发展史上，无论在西方还是在东方，马克思主义的传播、发展和
历史实践都曾出现过低潮、曲折。每当马克思主义阵营中出现理论僵化
或走入实践困境时，马克思主义的人道主义内涵都是必要的"解毒剂"，
以释放马克思主义自身的活力，及时纠正实践中的偏颇。马克思、恩格
斯逝世后的马克思主义发展史上有过三次影响深远的人道主义思潮，分
别是：由卢卡奇等开辟的西方马克思主义的人道主义思潮；以赫鲁晓夫
为代表的苏联人道主义思潮；20世纪80年代中国关于人道主义和异化
问题的争论。在中国，20世纪80年代的人道主义思潮有着广泛和深刻
的国际思潮及理论背景，尤其受到卢卡奇开辟的西方马克思主义的人道
主义思潮的深刻影响。而且，80年代的这场争论早已越过思想理论领
域，对中国的社会发展有一定的现实意义。

（一）争论的西方马克思主义背景

毫无疑问，在中国展开的关于人道主义和异化问题的争论首先是由
现实的社会情境触发的。但是，这场争论的话语资源却是已经被建构了
的。中国20世纪80年代的人道主义思潮是马克思主义的人道主义思潮
在世界范围内的重要组成部分。所以，黄楠森先生指出：要研究这场争

论，"应该建立在严肃认真的科学研究的基础上，研究的对象既要包括现实，也要包括历史，也包括人道主义和异化理论的历史。根据以上的论述，应该说西方马克思主义在当代人道主义思潮中不但是最早的，而且是最彻底的，占有特别重要的地位，因而研究一下他们的人道主义和异化理论是很有意义的"①。

西方马克思主义本身是一种复杂的社会思潮，包含着多种趋向。其中，人道主义思潮是其最早产生、影响最深远的一种趋向。在人道主义思潮的趋向中，根据研究任务和研究方法的不同，可以进一步划分出不同的派别。学界普遍认为，作为西方马克思主义的创始人，卢卡奇最早在《历史与阶级意识》（1923 年）一书中对马克思主义作了人道主义的阐释，从而开创了总体性的人道主义批判思潮。在《历史与阶级意识》中，受到席美尔和韦伯思想的影响，透过马克思在《资本论》中对商品拜物教的分析，卢卡奇通过"物化"范畴对资本主义的最新批判达到了马克思在《1844 年经济学哲学手稿》（以下简称《手稿》）中关于"异化"理论的思想高度，并有了新的发展。在卢卡奇看来，"物化"范畴是"阶级意识"范畴提出的理论铺垫，而阶级意识的觉醒是当时无产阶级行动胜利的根本保障。所以，在《历史与阶级意识》中，对马克思主义的人道主义阐释是隐性话语，理论焦点实则是无产阶级革命的命运问题和策略问题。伴随着《手稿》的正式发表，卢卡奇之后的一些西方马克思主义者将这种人道主义的隐性话语进一步激活，明确将马克思主义人道主义化。

作为西方马克思主义当中人数最多、影响最大的流派之一，法兰克

---

① 黄楠森：《西方马克思主义与人道主义》，《北京大学学报（哲学社会科学版）》1987
年第 1 期。

福学派在霍克海默就任社会研究所所长时，就确立了以关注社会共同体成员的人的命运为旨趣的批判理论研究范式。尤其是在1932年《手稿》正式发表之后，法兰克福学派的代表人物马尔库塞就在《社会。关于社会主义和政治的国际评论》杂志1932年第2卷发表题为《关于创立历史唯物主义的新材料——对新发表的马克思手稿的解释》一文。文章开篇即指出："马克思在1844年写的《一八四四年经济学—哲学手稿》的发表必将成为马克思主义研究史上的一个划时代的事件。这些手稿使关于历史唯物主义的由来、本来含义以及整个'科学社会主义'理论的讨论置于新的基础之上"①。"新的基础"就是指关于人的本质及其异化的人道主义哲学基础。后来，法兰克福学派的另一位著名代表人物弗洛姆出版了《马克思关于人的概念》（1961年）的专著，进一步发挥了马尔库塞的上述观点，认为以关于人的概念为内容的哲学核心是马克思后来关于社会主义的概念和资本主义的批判的基础，马克思主义的实质就是人道主义，他的历史观是"人类学的历史观"，它的目标是实现人道主义。

列斐伏尔的"人类的产生"是他的《辩证唯物主义》（1938年）一书的后半部分。它也是西方马克思主义人道主义思潮当中最有影响性的代表作之一。列斐伏尔在书中提出了"总体的人"的概念，并用以阐明马克思主义的人道主义思想，即人类所有异化的结束都将使"人回复到人"，所有人类因素都统一起来了，十足的自然主义与人道主义是统一的。列斐伏尔的思想对萨特等"存在主义的马克思主义者"产生了很大影响。萨特后期在《辩证理性批判》（1960年）一书中试图一方面用存

---

① 复旦大学哲学系现代西方哲学研究室编译：《西方学者论〈一八四四年经济学—哲学手稿〉》，复旦大学出版社1983年版，第93页。

在主义填补马克思主义后期"人学的空场";另一方面以求用马克思主义来改造存在主义,使存在主义成为一种积极的人生哲学。20 世纪 80年代,与理论界高扬人道主义相呼应,中国人,主要是青年人在日常生活层面,倡导"个性解放",萨特的哲学思想曾经深深地影响了当时年青一代的世界观和人生观。

虽然西方马克思主义的人道主义思潮内部还存在着不同派别,但是他们有着共同的特点:首先,他们都力图恢复马克思主义的哲学传统,将马克思主义的经济、政治学说建立在哲学的基础之上,并将这一哲学的基础理解为人道主义,即关于人的本质及其异化的学说。其次,除了卢卡奇通过"物化"理论对马克思主义的异化理论进行了补充性论证外,其他理论家都是抽象地从哲学层面谈论人的本质及其异化,他们"没有从《手稿》前进一步,像马克思那样,从抽象的劳动前进到具体的社会的劳动,而是退回到古典的人道主义观点,即退回到承认思维、意识、精神、主观能动性、自由或食欲、性欲是人的本质的观点"①。最后,他们将人、现实的人、总体的人看作马克思主义的主题,因此,他们对历史的理解就只剩下空洞的人学视野,唯物史观就被解读为"人类学的历史观",历史就是人的本质的异化与异化的扬弃的过程,社会主义就是人道主义的实现。

尽管西方马克思主义的人道主义思潮在理论上存在着局限性,但是就其开辟了一条马克思主义研究的新路径而言,其影响是深远的。20世纪 70 年代末 80 年代初,中国的马克思主义者就试图在马克思主义内部,通过人道主义和异化的讨论,既对"文革"进行反思,又为马克思

---

① 黄楠森:《西方马克思主义与人道主义》,《北京大学学报(哲学社会科学版)》1987年第 1 期。

主义的发展注入活力。但是，由于社会历史背景的差异，20 世纪 80 年代中国的人道主义和异化问题争论进一步拓宽和深化了西方马克思主义的人道主义思潮所讨论的问题域。

（二）争论的中国语境和主要内容

关于人道主义和异化问题的争论是 20 世纪 80 年代在中国思想界展开的一场影响重大的具有理论性和政治性的历史事件，后来延伸至政治领域。邓小平在中共十二届二中全会上的报告《党在组织战线和思想战线上的迫切任务》严厉批评了一部分理论工作者热衷于离开具体情况和具体任务抽象谈论人的价值、人道主义和所谓异化的现象，并认为这是向后倒退，倒退到马克思主义以前去了，会把青年引入歧途。这次报告给如火如荼的人道主义和异化问题讨论踩了急刹车，但是，一些理论观点上的根本分歧并没有得到解决。直到 1984 年 1 月 3 日，胡乔木在中共中央党校讲演并公开发表的《关于人道主义和异化问题》的文章，才对争论中的一些重大理论问题进行了总结。这篇文章受到邓小平的称赞，反映很好，成为之后中国马克思主义与人道主义关系讨论的理论纲领。

这次争论的特点是持续时间长，影响深远。西方马克思主义理论背景是这次争论的学术铺垫，特殊的中国语境则是此次争论得以展开的重要历史背景，这也决定了人道主义和异化问题争论在中国所关注的主要内容及其主要特点。

由"文革"造成的中国社会主义建设过程中长达十年的曲折，直接构成了关于人道主义和异化问题争论兴起的社会背景。在这十年中，国民经济发展基本停滞，党和政府的一些机构一度陷于瘫痪。作为从文化领域发端的"大革命"，教育、科学和文化遭受的破坏尤为严重。总之，从人的存在层面来看，人生存的现实经济基础、政治保障和社会秩序恶化；人之为人的文化、理性、道德、自由等精神家园和价值基础遭到破坏。1976 年以后，随着"四人帮"的倒台，作为对"文革"的最初情绪宣泄，在最为敏感的文学领域，"伤痕文学"开始出现。"伤痕文学"以揭露"文革"对国家、民族，主要是"个人"所造成的严重创伤为特色，成为当时一股重要的文学思潮。"伤痕文学"所讨论的关于人性、人的尊严和价值等人道主义的问题直接触发了哲学层面上关于人道主义和异化问题的讨论。

经过十年"文革"，中国的社会主义建设累积下许多严重的政治问题和社会问题，当时可以说是面临着百废待举、百业待兴的历史局面。中国的社会主义实践该向何处去？受"两个凡是"思想的影响，从 1976 年"四人帮"垮台到 1978 年关于"真理标准问题大讨论"之间的两年是处于徘徊中前进的局面。1978 年 5 月 11 日，《光明日报》发表题为《实践是检验真理的唯一标准》的文章，强调了"实践是检验真理的唯一标准"这个马克思主义认识论的基本原理。在后来的大讨论中，以邓小平同志为核心的党的第二代中央领导集体将真理标准问题上升到关于思想路线方向的政治高度，并强调了"实践是检验真理的唯一标准"观点的正确性和重要性，从根本上否定了"两个凡是"的"左"倾错误路线。

以"文革"的结束为标志，中国的社会主义建设进入了一个新的时期。通过"真理标准问题大讨论"及其引领的新一轮思想解放运动，从 1978 年开始，党内基本确立了解放思想、实事求是的思想路线。在这次思想解放运动中，通过恢复马克思主义的科学性、实践性特征而确立了社会主义意识形态话语权，并具有科学主义和实用主义的特征。社会主义建设开始寻求以通过解放生产力和发展生产力促进经济的发展，中国的发展汇入由资本主义市场开辟的世界现代化的历史潮流之中，以此完成近代以来实现中华民族伟大复兴的历史任务。

（三）争论的历史意义和当代审视

关于人道主义和异化问题的争论是在"文革"结束、社会主义实践面临向何处去的重要历史关节点展开的。当时，由于对该问题的理论研究准备不足，又受到传统理论框架和思维方式的束缚，使得这场争论的理论高度不够，对一些重要范畴的把握不准确，争论停留在抽象的思辨层面。因而，从今天来看，争论难免具有抽象性的特点，对一些学理的讨论并不深入。但是，这场争论的理论意义和现实影响不可忽视。20世纪80年代末，即有学者指出："它已经对中国文化心理的进步产生了巨大影响，促进了人们思维的自主性，推动了思想解放运动的深化。它的意义势必超出思想理论领域。而在经济体制改革、政治体制改革中引起一系列的连锁反应。面对我国改革的现实，面对和平与发展这一全人类的时代主题，我们必须确立人的主体地位。正因为这场讨论有着现实的意义，所以它将在更深广的范围内继续下去"[1]。结合改革开放40多年的历史来看，这场争论对当代中国现代性话语的构建以及社会主义建设都具有重大意义。

20世纪80年代中后期，伴随着改革开放不断深化，关于人的现代化及其主体性的讨论也随即展开。在马克思主义理论内部，马克思主义人学开始在人道主义争论中酝酿、诞生。人道主义和异化问题争论的实质就是"从哲学人性论上反思我国社会主义建设的历史，总结历史经验教训，以确立人在社会主义建设和马克思主义体系中的地位。这场讨

---

[1]　杨春贵主编:《中国哲学四十年（1949—1989）》，中共中央党校出版社1989年版，第435页。

论的最大成果，是认识到要把人当人看，应对'人'及人性这一曾被人们忽视的问题加以研究；社会主义建设应尊重人的价值，关心人的命运"①。整个 80 年代对人性、人的主体性问题的关注引发一些学者率先思考马克思主义人学构建的问题，并在 90 年代初期基本建立了马克思主义人学的科学体系。

理论上的摸索成为实践的先导。坚持以经济建设为中心，社会主义建设在取得不俗经济成就的同时，也日益积累着多方面、深层次的社会问题。2003 年初，突如其来的"非典"疫情集中暴露出社会主义建设中的一些问题，为人们敲响了警钟。由此，在中共十六届三中全会上提出"科学发展观"。科学发展观的核心是"以人为本"，它所针对的是"以物为本"的发展理念，强调了发展过程中的宗旨意识。之后，理论界围绕科学发展观的核心"以人为本"展开了新一轮研究。自此，"人道主义的马克思主义"思想被加以重新挖掘、吸收，并最终被转化为社会主义的价值观，成为当代中国现代性建构的理论资源。

但是，20 世纪 80 年代中国的人道主义和异化问题争论停留在抽象的思辨层面，因而对一些学理性问题的讨论并不深入，虎头蛇尾，存有很多分歧和讨论空间。此外，人道主义和异化问题争论在中国还有很多复杂的"异质性话语和时空倒错的语境"② 等因素。西方启蒙运动时期的思想资源，马克思主义关于"人的自由而全面开展"的学说，西方马克思主义的人道主义思潮等共同构成了人道主义和异化争论的复杂的异质性话语。同时，从现实语境来看，中国人道主义和异化问题争论的真实背景是西方马克思主义人道主义思潮的黄昏。争论的异质性话语背景

---

① 黄楠森：《人学的科学之路》，河南人民出版社 2011 年版，第 4 页。
② 张一兵、夏凡：《人的解放》，河南人民出版社 2011 年版，第 1 页。

和时空倒错现象要求我们必须摒弃抽象思辨的套路，对争论进行更为深入的研究，从而对当代中国现代性问题提出的原点进行反省。

二、法兰克福学派与中国的"《手稿》热"

在 20 世纪 80 年代人道主义和异化问题的争论过程中，以马尔库塞和弗洛姆为代表的法兰克福学派对马克思主义的人道主义解释是这场争论中的一个重要异质性话语。法兰克福学派的学术旨趣与人道主义、主体性、"《手稿》热"、"美学热"、"文化热"等 20 世纪 80 年代的学术和文化现象有着内在的一致性。但是，法兰克福学派社会批判理论是高度语境化的产物，对发达资本主义工业社会所进行的文化批判又极为不同于中国 20 世纪 80 年代学术和文化的讨论内容。这种既统一又区别的矛盾关系构成了法兰克福学派传入中国的最初遭遇。以《1844 年经济学哲学手稿》的研究为例，当中国在 20 世纪 80 年代兴起围绕美学、人道主义和异化等问题对《手稿》的解读热潮时，法兰克福学派的代表人物马尔库塞和弗洛姆综合了黑格尔哲学、马克思主义、弗洛伊德的精神分析理论，并结合历史境况对《手稿》做了深入阐释。研究这两种阐释之间的矛盾关系是探讨法兰克福学派与中国现代性构建的重要课题。

（一）中国"《手稿》热"的回顾

所谓中国的"《手稿》热"，是指从 1980 年开始，中国思想界和学术界对马克思青年时代的著作《1844 年经济学哲学手稿》所形成的解读热潮。在 20 世纪 80 年代，伴随着思想解放的潮流，形成了一个又一个热点现象："美学热""《手稿》热""文化热"等。其中，"美学热"是与"《手稿》热"同步产生的，正是对《手稿》的最新研究才有了"美学热"在 80 年代的又一轮兴起。而由"《手稿》热"和"美学热"掀起的感性解放诉求，在 80 年代中后期上升为轰轰烈烈的"文化热"。从学术史的角度来看，所谓"热"，即有赶时髦、凑热闹、哗众取宠之意，80 年代的"《手稿》热"自然也不例外。当时，"所有的人都在谈论人学，老师、学生言必称马克思的《1844 年经济学哲学手稿》，'劳动异化'、'人的类本质'之类的概念在课堂、会议和报刊上满天飞舞"①。但是，受到理论视野的限制，当时关于《手稿》的理论地位、内在逻辑和文本分析等重要理论问题被研究者们搁置了。回顾中国的"《手稿》热"，人道主义和异化、美学、主体性，构成了"《手稿》热"中的三个热点问题。

首先，出于对"文革"的反思和新形势下推进社会主义现代化建设的需要，在思想解放的旗帜下，西方的人道主义思潮最先在中国思想理论界复活。与此同时，在马克思主义理论领域中展示出新时期特点的是关于马克思主义与人道主义的关系、社会主义有无异化问题的争论。在马克思的众多著作中，《手稿》与人道主义和异化问题的关联最为密切，所以，伴随着围绕人道主义和异化问题讨论形成的热潮，"《手稿》热"随之而来，《手稿》中的人道主义和异化思想也成为讨论的热点问题②。学术界围绕《手稿》中的人道主义和异化问题论争主要集中在以下几个方面：异化在马克思主义哲学中的地位；马克思主义与人道主义的关系；马克思主义的人性论。

关于异化在马克思主义哲学中的地位，张奎良、孙伯鍨、黄楠森等认为，《手稿》中马克思的异化思想是费尔巴哈式的，它以理想的人为

---

① 张一兵、夏凡：《人的解放》，河南人民出版社 2011 年版，第 1 页。
② 参见黎德化：《新时期人与文化的反思》，百花洲文艺出版社 2006 年版，第 26—46 页。

出发点，带有伦理和空想色彩，因而不能发展为一种科学的历史观；薛德震等认为，异化概念在马克思这里已经开始获得了崭新的、唯物的含义，因而，在今天还具有理论与实践上的重要意义；王守昌、陈先达等认为，要动态地理解异化概念，马克思在创立自己学说的过程中扬弃了这一概念，但异化劳动的思想仍然贯穿在唯物史观中。

关于马克思主义与人道主义的关系，邢贲思、王复三等认为，马克思主义和人道主义是两种根本不同的思想体系，不能混为一谈，《手稿》中的人道主义思想是费尔巴哈式的、不可取的；汝信、杨适等认为，不能把马克思主义笼统地和人道主义绝对对立起来，更不能不加分析地把人道主义当作修正主义来批判。《手稿》中的人道主义已经具备关于人类解放的科学共产主义的理论雏形。

关于马克思主义的人性论，丁学良、陈志尚、李连科等认为，马克思主义有自己的人性论，它与资产阶级人性论有本质上的不同；冯宪光、赵常林等认为，人性只不过是马克思思想转变时期所借用的一个过渡概念，《手稿》中的人、人性等类概念是从费尔巴哈的人本主义出发的，不能用以解释历史；张玉福、张奎良等认为，马克思对人性的看法在早期与后期不同，早期的人性观点是从费尔巴哈的人本主义出发的，后期的人性概念才是成熟的和科学的。

其次，围绕着《手稿》的讨论热潮，美学一时成为中国的"显学"。"美学热"成为20世纪80年代的一个重要人文景观。"美学热"的出现不是偶然的。对"文革"的反思、美学自身所具有的启蒙意义和中国文化中特有的审美情趣共同构造了80年代的"美学热"。将马克思的思想作为理论基础成为这次"美学热"的重要特征。围绕《手稿》中美学问题的论战主要集中在以下几个方面："人化的自然"与美的产生；美的规律；美感与美的关系。

关于"人化的自然"与美的产生问题，蔡仪等客观派认为，确证了人的本质力量的客体自然只有在共产主义社会才能存在，而美在任何时候都是存在的，所以，异化劳动在一定程度上也创造美；朱光潜、李泽厚等实践派认为，美的本质、根源来源于"人化的自然"，正是人类的社会历史实践这种本质力量创造了美；而另一部分人认为，是人的情感、意志、意识等创造了美，从而演化为美的自由论；张志扬等认为，"人化的自然"作为美的本体过于宽泛。人的本质的对象化与人对自己对象化本质的直观共同运作才能产生美。

关于美的规律问题，主要与《手稿》中"物种的尺度"和"内在的尺度"两种尺度的理解有关。朱光潜认为，这两种尺度是指对象本身的"本质特征"，是其所固有的尺度；李泽厚、刘纲纪等认为，"内在的尺度"是指人的尺度，即生产是为了人的生存，发展上的有利、有益，即广义的"善"。"物种的尺度"是指客体的尺度，即强调事物的"真"。真与善、合规律性与合目的性的统一就是"美的规律"。

关于美感与美的关系问题，主要有四种观点：蔡仪等从认识论角度指出，美是客观存在的，美在先，美感是对美的反映。朱立元等实践派从"人化的自然"出发认为，美感与美是不可分的。自然的人化是美和美感的共同来源。朱光潜认为，从历史的角度看，美和美感是不可分的，但在实际的审美活动中，美感是美产生的重要条件，美感在先，美在后。高尔泰认为，美感始终优先于美的存在，因为美作为主体评价的对象，是价值客体，所以包含美感在内的人的评价优先于美。①

尽管以上这些阐释差异显著，但都从《手稿》出发，尊崇《手稿》的基本精神。在这场"美学热"中，以李泽厚为代表的实践派美学占据

---

① 秦晓寒：《中国1980年代的"美学热"研究》，四川大学硕士学位论文，2005年。

了上风，可以说《手稿》奠定了20世纪末期中国马克思主义美学的理论基础。

最后，在80年代"美学热""《手稿》热""文化热"的讨论热潮中，人的问题始终是讨论的兴奋点。哲学、经济学以及文学领域中开始强调发挥人的主观能动性，主体性问题的讨论随之而来。最初，主体性问题主要存在于认识论领域当中，在社会生活中，随着个体力量的崛起，"主体性"问题又成为文化讨论的热点。李泽厚在《批判哲学的批判——康德述评》一书中首次提出用马克思哲学的"主体性"概念批判康德哲学，并以此建构新的主体性哲学。在这些讨论中，《手稿》中的主体性问题再次成为阐释的热点。围绕《手稿》中主体性问题的讨论主要集中在以下几个方面：自然的人化与主体性哲学；主体性原则及其限度；主客体关系问题。

关于自然的人化与主体性哲学的关系问题，在美学领域，刘纲纪等实践派都认为《手稿》中"人的本质力量的对象化""人化自然"是美的本质和美的来源。在此基础上，李泽厚将自己的哲学称为人类学本体论或主体性实践哲学，以区别于传统的自然本体论。李德顺则反对将主体性问题泛化。他指出，主体性问题只是关于人的全部问题的一个侧面，人的问题或许可以放在社会历史观部分，而主体性问题则必须在辩证唯物论的实践论和认识论部分来谈。

关于主体性原则及其限度问题的讨论，分歧较大。黄楠森等认为，主体性原则虽然能够成立，但不是马克思主义的唯一原则，而且有一个适用范围。陈志良、杨适等认为主体性原则是马克思主义哲学的最根本原则之一。马俊峰等则从人类社会实践的角度强调，主体性有其限度，自然本身才是真正的主体，而人只是其中一部分。

关于主客体关系问题，在认识论层面主要就主客体的概念与哲学基本问题的关系、主体自身结构进行了讨论。① 同时，80 年代关于人学、主体性问题的讨论也促成了马克思主义价值哲学的形成。袁贵仁、李德顺等即是通过对马克思主体性概念的阐发来建构价值哲学，认为价值是人的主体性的对象化，必须通过人的劳动才能实现。

回顾"《手稿》热"对人道主义和异化、美学和主体性问题的讨论，《手稿》一时成为 80 年代中国马克思主义理论界的"经典"，这些新的研究和诠释促进了人学、价值哲学等新兴哲学的兴起，突破了苏联教科书的话语体系，尝试开创中国的哲学研究路径，对于打破马克思主义哲学的教条化、僵化局面，实现马克思主义哲学的创新性发展有着重要的思想和理论启蒙意义。

（二）马尔库塞和弗洛姆对《手稿》的解读

西方马克思主义对《手稿》的研究保持着敏锐的嗅觉。西方马克思主义的创始人卢卡奇早在《手稿》正式问世之前，就通过研究马克思《资本论》的内容，得出了"物化"这一接近于《手稿》核心思想的概念，并发掘了马克思主义的人道主义思想。《手稿》正式发表之后，法兰克福学派的代表人物马尔库塞和弗洛姆就对《手稿》进行了深入研究。在法兰克福学派以关注人的命运为主旨和跨学科研究方法的社会批判理论指导下，马尔库塞和弗洛姆将既有的理论（黑格尔哲学、美学、精神分析等）用于对《手稿》的分析，对《手稿》中的人学思想进行了充分阐释。

1.历史唯物主义的新基础：人的本质及其实现

1932 年，几乎在与《手稿》正式发表的同时，马尔库塞就对《手稿》

---

① 参见贺金瑞等：《新时期马克思主义哲学创新发展论辩》，百花洲文艺出版社 2007 年版，第 133—170 页。

进行了最新解释。马尔库塞敏锐地断定，《手稿》的发表将成为马克思主义研究史上的一个划时代的事件。其一，这些《手稿》使得关于历史唯物主义及科学社会主义的讨论置于新的基础之上；其二，这些《手稿》使得马克思和黑格尔之间关系的讨论更加明朗化了。

马尔库塞将《手稿》的核心内容理解为关于政治经济学的哲学批判以及政治经济学作为一种革命理论的哲学基础，即关于人的本质和人的本质的实现的思想。因为，只有以此为基础，资产阶级政治经济学所掩盖的异化现实才能显而易见，成为革命的真正的基础，这种革命将真正地改变人的本质和人的世界。在此，马尔库塞强调了理论与实践的统一性：“理论本身就是一种实践的理论；而实践不仅仅存在于理论的终点，而且在理论开始之时就已出现。从事实践，并不是要立足在外在于理论的一个不同的基础上”①。

马尔库塞从“劳动”范畴来说明人的本质。在《手稿》中，劳动被作为一个具有本体论性质的哲学范畴加以运用，即是人的本质的真正表现和实现。因为，劳动作为人特有的“生命活动”，根植于作为一种“类的存在物”的人的本性之中。在人与自然的关系上，人的“劳动”本质通过“对象化”的提出更加具体地被规定为万能和自由的了。“对象化”过程受到对象存在物的制约，所以是受动的，与“感性”相等同。在此，马克思通过费尔巴哈的“感性”范畴批判了黑格尔的“人完全是自由的和有创造力的意识”的唯心主义观点；同时对象化又是一种“社会的”活动，马克思又超越了费尔巴哈“孤立的人”的理论局限。对象化即人与自然的真正统一，属于人的本质，不能被废弃，而必须废除的是对象

---

① 复旦大学哲学系现代西方哲学研究室编译：《西方学者论〈一八四四年经济学—哲学手稿〉》，复旦大学出版社 1983 年版，第 95 页。

化的特殊形式，即物化和异化。而只有在劳动中，才能真正理解在历史和社会状况中的他自己、他人及对象性世界，主人作为非劳动者是不能达到这种洞察的，所以，劳动者是真正的变革者。

马尔库塞还通过《手稿》充分分析了马克思与黑格尔的关系，即被马克思看作辩证法加以批判的正是黑格尔哲学的基础和实际"内容"，而不是它的（大家通常认为的）"方法"。马尔库塞认为，马克思对黑格尔批判的重点是在积极方面，"《现象学》提出了'人的自我创造'，它的含义除了上面已经说过的以外，还包括它是指一个人成为按照他的本质，即人的本质所是的那个样子的过程"①。由此，马克思概括了黑格尔《精神现象学》近乎革命的内容，即确认了劳动不完全是经济学的范畴，更是"本体论"的范畴，尽管在《精神现象学》中，历史被加以"精神化"，但用以说明人的历史的真正占主导地位的概念是人在劳动中体现出的"能动性"。所以，马尔库塞指出，马克思在此强调的是革命理论与黑格尔哲学的内在联系。

2. 马克思主义与人道主义的关系

不同于马尔库塞对《手稿》的哲学解读，弗洛姆一方面从西方思想史的角度指出了马克思主义与人道主义的关系，认为马克思主义的实质就是人道主义，它的目标是实现人道主义的社会主义；另一方面，他又用弗洛伊德的精神分析学说来"补充"马克思主义的人性学说。同时，弗洛姆还结合苏联社会主义和资本主义"异化"的新现象，提出要恢复和继续发扬马克思的人本主义传统。

弗洛姆认为，马克思哲学来源于西方人道主义的哲学传统，这个传

---

① 复旦大学哲学系现代西方哲学研究室编译：《西方学者论〈一八四四年经济学—哲学手稿〉》，复旦大学出版社 1983 年版，第 139 页。

统的本质就是对人的关怀，对人的潜在才能得到实现的关怀。《手稿》的核心问题就是现实的个人的存在问题。将马克思的"唯物主义"解释为享乐学说的流行看法是完全错误的。他的"唯物主义的"历史观与那种把所谓的"物质的"或者"经济的"斗争历史的最基本的推动力的观点没有任何共同之处，现实的人和完整的人才是其历史观的主题，所以，也可以称作"人类学的历史观"。总之，马克思的目标是社会主义，它是使人在精神上得到解放，使人摆脱经济决定论的枷锁，使人的完整的人性得到恢复，使人与人以及与自然界处于统一而和谐的关系之中。

弗洛姆认为，人的本性就是人的本质。一方面，弗洛姆从弗洛伊德的精神分析理论分析马克思的人性理论，他认为，马克思区分了两种类型的倾向和欲望，"一种是不变的和固定的，诸如食欲和性欲，这是人的本性的组成部分，它们只能在不同的文化中所采取的形式上和方向上有所改变；另一种是'相对的'欲望，这不是人的本性的组成部分，'它们的起源应归于一定的生产和交换的条件'"①。另一方面，弗洛姆与马尔库塞一样，认为马克思关于人的概念根植于黑格尔的思想，他将生产性的活动看作是人的本质力量。

弗洛姆认为，马克思的思想是连贯的，在《手稿》中马克思所表达的关于人的本质的基本思想与《资本论》中所表达的思想并没有根本的转变。由于日益增长着来源于工业社会和战争的那种对人的精神存在和肉体存在的威胁，当今世界正在逐步恢复人本主义的传统，所以，这将导致依据马克思的人本主义哲学对马克思作出重新解释，这是历史赋予研究者的任务。

---

① 复旦大学哲学系现代西方哲学研究室编译：《西方学者论〈一八四四年经济学—哲学手稿〉》，复旦大学出版社 1983 年版，第 40 页。

3. 自然解放与社会变革

在法兰克福学派当中，马尔库塞对资本主义的批判是最彻底和一以贯之的。1968 年以法国"五月风暴"为标志的学生运动失败以后，马尔库塞为总结这次运动而写了《反革命与造反》一书。其中，《自然与革命》一文再次回到马克思的《手稿》，并结合弗洛伊德的精神分析理论谈论自然解放、人的本能解放（感觉的解放）对社会革命的重要性。在《自然与革命》一文中，马尔库塞运用弗洛伊德的精神分析理论、法兰克福学派的技术理性批判思想大谈自然解放和妇女解放，从而对《手稿》作了全新的阐释，也蕴含着生态主义马克思主义和女性主义马克思主义的诞生。

首先，马尔库塞认为，在剥削社会中，对人的统治是通过对自然界的统治实现的。一方面，自然界本身受到越来越有力的控制；另一方面，它也变成了控制人的力量，变成了社会伸展出来的手臂和它的抗力。所以，在未来革命的历史形式中，自然的根本变革将成为社会根本改革的一个不可分割的组成部分。解放自然界的力量将成为社会变革中的一个新兴的力量。所谓"自然的解放"，就是"恢复自然中的活生生的向上的力量，恢复与生活相异的、消耗在无休止的竞争汇总的感性的美的特性，这些美的特性表示着自由的新的特性"①。自然的解放包括两个方面的内容：一是解放"属人的自然"，即作为人的合理性和经验的基础的人的原始冲动和感觉；二是解放外部的自然界，即人的存在的环境。

其次，马尔库塞对自然的理解摒弃了本体论的思维方式，强调了自

---

① 复旦大学哲学系现代西方哲学研究室编译：《西方学者论〈一八四四年经济学—哲学手稿〉》，复旦大学出版社 1983 年版，第 146 页。

然本身的属人性和价值性。一方面，马尔库塞认为，"属人的自然"和人所遇到的自然界都是被社会和人改造过的自然，是服从于一种特殊的合理性的，并且这种合理性越来越变成技术和工具的合理性。因此，作为历史的客体，要解放自然，并不是要回到前工业技术阶段的浪漫时期。另一方面，自然本身是一种没有目的论的、没有计划和意图的"主体"，即自然本身有其"客观价值"，具有为了增强和实现生命所必不可少的特性。正因为自然有这种能力，所以自然是能够接受人加之于它的这种解放活动的。

最后，在自然的两个特性中，马尔库塞关注的是"属人的自然"的解放，即个人感觉的解放。因为，他认为马克思主义着重于工人阶级政治意识的发展，而不关心如何在个体层面寻找解放的基础，而这正是《手稿》的中心议题，却很大程度上被人们忽略了。当前资本主义社会的控制已经深入到人的本能生理的层面，所以，发展激进的、非顺从的感受性就具有重要的政治意义。只有这种解放，才意味着出现了一种不同于阶级社会中的新型的人。在这种感觉的重建中，马尔库塞强调要有美的需求。因为按照"美的规律"构造对象世界是人的自由的实践能力的一个特征。所以，要消除艺术领域对"美"的压制，使之成为一种颠覆的力量，就要对具有接受性、受动性的感性进行解放。据此，就要反对那种"破坏的创造性"，反对男性统治的社会，使之变为一个女性的社会。所以，女性的解放与自然的解放是内在一致的。

（三）比较与反思

尽管存在着显著的区别，但是在批判理论的纲领之下，马尔库塞和弗洛姆对《手稿》的解读还是有着根本的一致性。这种一致性主要体现在三个方面：第一，人道主义解读的总范式。马尔库塞虽然没有明确提出马克思主义与人道主义的关系，但他最先将《手稿》中关于人的本质及其实现的内容看作是历史唯物主义和革命理论的基础。弗洛姆则直接将马克思主义人道主义化。法兰克福学派将早期西方马克思主义中隐蔽的人道主义逻辑显现了出来。第二，弗洛伊德主义与马克思主义的融合。马尔库塞和弗洛姆致力于将弗洛伊德的精神分析理论引入马克思主义理论，以弥补马克思主义对个体及其心理结构的忽视。马尔库塞提出了个人的本能结构的解放（感觉的解放）是人的解放的基础；弗洛姆认为，人除了按照生物学、解剖学等来规定外，还可以按照心理学来加以规定。其中，性欲和饥饿等是人性的基本组成部分，异化就是对人性的压抑。所以，消除异化需要采用心理疗法。第三，对马克思和黑格尔关系的再认识。在早期西方马克思主义中，卢卡奇最早阐释和说明了马克思与黑格尔的关系，并将"辩证法"问题看作是两人关联的根本纽带。马尔库塞和弗洛姆则从人的本质角度看待马克思与黑格尔的关系。马尔库塞认为，《精神现象学》提出了"人的自我创造"，将劳动看作是人的本质，马克思正是将此看作黑格尔哲学的基础问题，并进一步更深入地发展它。弗洛姆也认为马克思关于人的概念植根于黑格尔，正是在生产性的活动中人才能回复到自己的本质中去。

马尔库塞和弗洛姆以上关于《手稿》内容的解读是在 20 世纪 80 年代中国"《手稿》热"的背景下被介绍到中国的，其对《手稿》人道主义的解读模式与国内的人道主义与异化争论热潮相契合。所以，在法兰克福学派的众多代表人物中，被关注的首先是他们二人。但与此同时，中国的研究者对他们的接受是极为谨慎的，他们首先被看作"异质性话语"和"他者"对待。这其中的复杂关系需要我们进一步研究。

从接受者的历史语境来看，"文革"的遭遇构成了当时人们思考问题的直接出发点。所以，在粉碎"四人帮"之后，反思马克思主义在中国的发展成了 80 年代思想界的重要任务。这也构成了人道主义思潮兴起的历史现实。而法兰克福学派对马克思主义进行人道主义阐释的时空语境是截然不同的。20 世纪初，随着资本主义合理化进程的发展，传统的无产阶级已经被整合到资本主义社会的组织中去。马克思希冀无产阶级通过革命实现解放的历史环境等已经发生了变化。因为，合理化、物化、异化已经深入到人的心理和本能层面。与此同时，苏联社会主义和资本主义的发展都面临着极权主义的威胁。以哈耶克、波普尔等为代表的自由主义者片面认为，正是社会主义在欧洲破坏了资本主义的自由经济原则，才导致极权主义的统治。所以，反思马克思主义发展的困境，批判资本主义，建构革命新理论成为法兰克福学派批判理论的首要任务，而马克思早期著作《手稿》中的思想，就蕴含着解决上述任务的途径。

从具体任务来看，在中国，马克思主义的人道主义思潮是在新一轮思想解放运动的背景下提出的，其目的是反思"文革"。所以，马克思主义的人道主义思潮具有继续启蒙的意义。而对于法兰克福学派而言，其彰显马克思主义人道主义的目的是反思马克思主义发展的困境，批判资本主义，建构革命新理论。所以，批判理论的人学立场是反思启蒙和重建启蒙，其旨在通过对马克思主义的人道主义思想的挖掘，通过对以启蒙理性为主导的资本主义工业文明所进行的文化批判，通过将弗洛伊德的精神分析理论和马克思主义嫁接，而重构马克思的革命理论。在这种迥异的时空语境和历史使命中，马克思主义的人道主义内涵得到了不同的阐释，作用于不同的目的。

无论是东方的反封建主义、教条主义，还是西方对资本主义社会中各种异化的抗议，它们都要求人从被奴役压迫和束缚的状态下解放出来，要求人掌握自己的命运，实现人的本质，因此都提出了人的存在价值和意义问题。《手稿》作为马克思建构自己学说的早期著作，具有多方面的异常丰富的思想。关于人的存在状态、本质及其实现的问题是《手稿》的核心内容。只是由于实践发展的需要，《手稿》中一些尚未详细论证的重要的、珍贵的思想被忽略和搁置起来了。因此，在人道主义思潮复兴的历史语境中，《手稿》的内容被充分激活，并被深度诠释。《手稿》中关于人的本质、"人化自然"、劳动、对象化的理论成为东西方共同关注的焦点。关于这些内容的讨论，释放了马克思主义的活力，大大推进了马克思主义理论和实践的发展。但是，这些讨论的共同点在于，遮蔽了唯物史观的科学性，以人道主义解释历史，说明人的本质，必然带有空洞、抽象的特点，有向西方文艺复兴和启蒙运动时期倒退的危险性。在历史转折期，这种讨论必然面临着政治上的波动。因此，在东方，人道主义思潮被批判，成为潜流；在西方，由于与群众实践相脱离，法兰克福学派的新革命理论日渐成为"茶杯里的风暴"。

不可否认，相比西方马克思主义对《手稿》的敏锐嗅觉，中国的《手稿》研究具有滞后性。这种滞后性既体现在时间上，也体现在学术话语层面。这也决定了中国的《手稿》研究对前者的借鉴和趋同性。马尔库塞和弗洛姆通过强调被后期马克思所忽视的个人及其本能结构，强调了作为个体的人的主体性意义所在。这种通过弗洛伊德精神分析理论补充马克思主义的方法影响了20世纪80年代中国的《手稿》研究和文化研究。

由此可见，尽管马尔库塞提出的"个体的感性解放"的学说存在着局限性，但它在中国的《手稿》研究中已经有所回应，并且经过了创造性的转化，将马克思主义主导意识形态与思想文化领域的"文化热"问题有机结合起来，共同构成20世纪80年代中国社会主义现代化进程的意识形态。

总体来看，尽管法兰克福学派一再强调理论与实践的统一、理论的实践性品格，但是，在资本主义合理化、自动化和总体化的社会组织中，其批判理论还是与实践渐行渐远，日益进入"超越"位置和"微观"层面，在"上层建筑—文化"领域展开了资本主义文明的批判。所以，马丁·杰伊在对批判理论与马克思主义的关系进行总结时指出："研究所最后提供的马克思主义的修正是如此根本，已无权利把它包括在马克思主义分支中。由于向实际的或潜在的可以实现合理社会的历史主体的挑战，研究所最后放弃了马克思主义的中心承诺：理论与实践的统一"①。与其相对照，在中国语境中，通过对传统社会主义建设模式的反思，并结合西方社会思潮对封建主义的批判，中国的社会主义建设开始在面向现代化、面向世界、面向未来的语境中展开，中国的马克思主义在实践的推动下实现了从革命的哲学到建设的哲学的话语转换。在理论与实践的密切结合中，马克思主义的生命力在中国得到进一步弘扬。

三、法兰克福学派与当代中国的主体性问题

在世界现代化进程中，中国的社会主义现代化建设有着独特性。这种独特性一方面表现为时间上的后发性，即相比较已经步入现代化的西方国家来说，中国的现代化建设推进是滞后的；另一方面表现为道路的独特性，即中国的现代化建设是在社会主义的制度、意识形态内展开的，包含了以社会主义意识形态为内容的价值取向。这两点决定了当代中国现代性的主体性建构兼具特色与共性相统一，既保持立场，又开放互鉴；既要能够与西方的现代性话语相接轨、对话，又要建构中国特色

① ［美］马丁·杰伊：《法兰克福学派史（1923—1950）》，单世联译，广东人民出版社1996 年版，第 51 页。

的现代性话语体系。正是在当代中国特定的时代境遇和社会环境中，法兰克福学派受到了研究者的普遍关注。作为传统西方马克思主义的核心，法兰克福学派继承了马克思主义的理论实质，结合资本主义最新发展的社会现实，对资本主义的现代性进行了全面反思和批判，并试图重构现代性的主体哲学。当代中国的现代性构建也是立足于借鉴与批判相统一的前提，对资本主义现代性和马克思主义现代性理论批判继承之上。出于问题关注的共通性（批判现代性与重构现代性），法兰克福学派关于现代性的主体哲学反思对于当代中国现代性构建具有重要的思想启示，已经经过创造性转化，内化到中国现代性的人学构建中。

（一）法兰克福学派的人学思想探析

西方马克思主义理论中包含着丰富的人学思想。在早期，尽管青年马克思的《1844 年经济学哲学手稿》还没有发表，第一代西方马克思主义创始人卢卡奇、葛兰西和柯尔施等人就在列宁开拓的理论道路上，从反对第二国际的"经济决定论"入手，着重夸大列宁在革命策略上"主体能动性"的灵活性，强调"阶级意识"对无产阶级革命的重要性，由此他们"不约而同地从'正确地理解马克思的方法的本质'入手，在马克思主义哲学的起源中重新揭示了一种以主体能动性为核心的价值批判逻辑"①。此时人学是隐蔽在革命策略和哲学逻辑之中的。到了 20 世纪 30 年代，随着《1844 年经济学哲学手稿》的发表，人学从幕后走向台前，成为西方马克思主义的主流话语。继早期西方马克思主义之后的法兰克福学派将这种人学逻辑加以拓展和深化，建立了"综合性的人学观"，这种新型人学观"不仅拓展了人学的内涵与外延，而且开启了一

---

① 张一兵、夏凡：《人的解放》，河南人民出版社 2011 年版，第 39 页。

种复合型的人学批判向度，为社会批判理论提供了更为广阔和深厚的规范基础"①。

首先，这种"综合性的人学观"不同于传统人本主义（古典人本主义）哲学从抽象的"类本质"来确证人的存在，在人的理智和经验之间制造分裂，也不同于新人本主义的孤立化的个人主义视野，而是力图追随马克思"社会性的人"的观念，从社会和历史出发审视人的存在境遇。古典人本主义哲学的提出与资本主义生产方式的展开是同步的，它是建立在早期工业文明基础上的一种近代思潮。"古典人本主义是一种理性人学观，它的理论建构主要有以下三个环节：一是文艺复兴时期人的观念的确立；二是人对自己地位的理性确证；三是'类'人学的理论证明。这三个环节是一个逻辑递升的过程，共同构成了近代人学观的核心内容。"②古典人本主义哲学为西方现代性确立了主体性的基本原则，并将理性主义和人道主义看作现代性的思想根基。

法兰克福学派认为挟持着理性主义和人道主义旗帜的启蒙，并没有使得人类摆脱恐惧，树立自主，而是逐渐走向自己的反面，走向彻底的非理性和反人道。所以，批判理论的任务就是要重新审视人自身，重建理性的统一性，将启蒙所未竟的事业继续推进。在此基础上，霍克海默首先批判了古典人本主义哲学"抽象的人"的形象。他认为："抽象的人似乎可以消除潜伏在经济奇迹背后的恶，承认这种抽象的人的存在既像是引证又像是抚慰。撇开生活水平和期望值的提高不谈，存在正变得愈加困难和危险，源于不公和这种复杂存在的生理痛苦常被搪塞过去，

---

① 丰子义、郗戈：《法兰克福学派社会批判理论与当代中国现代性建构》，《学习与探索》2009 年第 2 期。
② 仰海峰：《世纪之交的人学逻辑转换——从古典人本主义到新人本主义》，《江海学刊》1998 年第 5 期。

把它归因于重要的是个性这种深刻的洞识。"①而这样一个个体的出现必将是一群这种个体出现的征兆。所以，要摒弃对人的抽象化理解，就要从人的存在本身入手。霍克海默认为，在晚近的欧洲，存在主义这种关于具体存在的哲学的兴起得益于在反思过程中对人的深刻洞察。所以，在存在哲学关于"存在"的人的思想启迪之下，法兰克福学派更为关注人的生命及其意义。在《人的概念》一文中，霍克海默透过概念的迷雾，而将人放在经验领域加以描述，揭示了在晚期资本主义条件下职业之间、城乡之间、工作和闲暇之间、儿童和青年之间、男女之间彼此相像导致的人的零散化和孤独的存在状态。

与古典人本主义哲学相比，新人本主义哲学是建立在晚期资本主义基础上的一种现代思潮，它体现了不同的价值观，不再从"类意识"出发确证理性，而是从个人的生存体验出发颠覆传统人本主义哲学。尽管内部存在差异性，但是，"他们试图在当下破碎的生活经验之中来弥合自我，由于他们执着于'生命—肉体—意志'，他们的探索带上了浓厚的行动主义和神秘主义色彩。因此，一种实用主义的努力把人的类本质消融为个体的感性经验活动，它使人本主义入世还俗，直接外化为一种生活效用和抽象的价值肯定。"②毫无疑问，法兰克福学派的思想家吸收了新人本主义的观点。在《启蒙辩证法——哲学断片》中，霍克海默和阿多诺摒弃了启蒙哲学对人的主体性解释，他们认为，人并非是有着自由意志的理性而神圣的主体。他们吸收了尼采的思想，将人看作是来自大自然，被不由自主的"力"所驱动的存在物。他们指出："尼采本人，就是自黑格尔以来能够认识到启蒙辩证法的少数思想家之一。正是尼

---

① 曹卫东编选：《霍克海默集：文明批判》，渠东、付德根译，上海远东出版社 2004 年版，第 232 页。

② 张一兵、夏凡：《人的解放》，河南人民出版社 2011 年版，第 141 页。

采，揭示了启蒙与统治之间的矛盾关系。"① 作为"力"的载体的人，在经验世界通过自我持存，以达到对自然和他者的主宰；在观念世界中，通过自我确证，确立了同一性的统治逻辑。

　　虽然法兰克福学派认同晚近欧洲兴起的新人本主义思潮对人的问题的深刻反思，但是，学派成员普遍反对新人本主义孤立化的个人主义视野和对人的本质的否定。霍克海默指出，这些"哲学家的思想渊博但模糊，他的思想和流行的观念——人会拯救我们——同样都忽视了真正的总体性及其非正义性，忽视了社会和个体之间公开的、隐蔽的、多样化的相互影响和作用，而集中注意现实希望的象征"②。所以，霍克海默指出，在关于人的问题上，我们需要与大哲学家交流，还需要神学传统知识。大哲学家，以黑格尔为例，告诉我们，孤立的存在只能是迷信；神学传统蕴含着人类对自由和希望的把握。因此，"只有作为所属整体的一部分，个体才是真实的。个体的本质规定、性格爱好、业余嗜好和世界观等都源于社会及其社会命运"③。作为个体的实质内涵的本质，也不存在于个人行为中，而是存在于整体生活中，只有在民族、国家中才能实现。本质的作用属于道德秩序的观念和世界的概念，所以，在此意义上说："康德的道德自由先决条件的绝对性在霍克海默的思想中和犹太人的原初动机中，即对世界上的不公正的正当愤怒，发生了共鸣，这种正当愤怒就是'痛苦的悲怆'（保罗·科利尔语），它和马克思的重要的

---

① ［德］马克斯·霍克海默、西奥多·阿多诺：《启蒙辩证法——哲学断片》，渠敬东、曹卫东译，上海人民出版社 2003 年版，第 45 页。

② 曹卫东编选：《霍克海默集：文明批判》，渠东、付德根译，上海远东出版社 2004 年版，第 232 页。

③ 曹卫东编选：《霍克海默集：文明批判》，渠东、付德根译，上海远东出版社 2004 年版，第 235 页。

人道主义的社会伦理认识是有联系的"①。

总之，法兰克福学派的人学思想继承了马克思"社会性的人"的观念，是对古典人本主义哲学和新人本主义哲学的双重扬弃。张一兵等认为，新人本主义是西方马克思主义人学思想的底色。随着青年马克思的《1844年经济学哲学手稿》的发表，"在整个现代西方学术语境中已经成为重要力量的新人本主义（克尔凯郭尔、弗洛伊德、尼采和早期海德格尔），迅速地在西方马克思主义思潮内部生成为一种主导性的观念，早期的列斐伏尔、弗洛姆、马尔库塞、布洛赫和晚期萨特，无一例外地高擎着人学的旗帜，在他们的眼中，马克思主义就是人本主义，社会主义就是对布尔乔亚世界的人学抗议"②。这种解释存在着对法兰克福学派人学思想的误读，因为马克思"社会性的人"的理论才是其基本的底色。

其次，法兰克福学派还结合弗洛伊德的精神分析学说，对以人的意识为主要研究对象的传统人学进行了批判和补充，深入探讨了潜意识在人的行为和社会文明中的功能，从精神与肉体的统一看待人的本质，丰富了马克思主义关于人和社会的学说，从而形成了一种"革命新理论"。传统的人学理论是在意识哲学的理论范式基础上建构的。西方哲学史中严格意义的意识哲学形成于笛卡尔的"我思故我在"。"我思"是以意识活动为对象的自我意识，"我思"与"我在"不是两个实体之间的因果关系，而是本质和实体之间的必然联系，即从自我的思想活动，我们可以得到自我必然存在的结论。"我思故我在"的提出具有划时代的意义，为近代哲学奠定了反思性、主体性原则和理性主义等基本特征，也为现代性确立了自我言说、自我立法的基点。

---

① ［德］H.贡尼、R.林古特：《霍克海默传》，任立译，商务印书馆1999年版，第30页。
② 张一兵、夏凡：《人的解放》，河南人民出版社2011年版，第4页。

　　由笛卡尔开创的意识哲学经由康德的"人为自然立法"，经历了一个完善的过程。"我思"所指涉的一切意识活动，在康德哲学中被限定为"知性"的思维活动。康德在《纯粹理性批判》的纯粹知性范畴的先验演绎部分(客观演绎)对"我思"作了更为精致的分析。通过对"知性"作用的分析，康德进一步凸显了主观能动性，将笛卡尔开创的人本主义的精神发扬光大，建构了以人为中心的世界观。黑格尔批判了康德抽象、孤立地考察人的认识能力的做法，他用历史理性取代了抽象的普遍理性，因而突破了近代认识论只研究个人意识的局限性，把劳动、实践、历史、人与人的社会关系和社会意识形态等存在方式引入知识发生过程。但是，黑格尔的意识哲学不过是绝对精神的自我认识。因此，哈贝马斯指出："自笛卡尔以来，自我意识，即认知主体与自身的关系，提供了一把打开我们对于对象的内在绝对想象领域的钥匙。因此，形而上学思想在德国唯心论那里表现为主体性理论。自我意识不是作为先验能力的本源被放到一个基础的位置上，就是作为精神本身被提高到绝对的高度。观念本质变成了一种具有创造性的理性的规定范围，以至于现在在真正的反思转向过程中一切都和这个独一无二的创造主体性发生了关系。"①

　　在上述意识哲学范式的影响下，人被看作是具有自由意志的理性而神圣的主体，人及其理性本身是自足的。与意识相关的心灵内部活动(情感、欲望、想象力等非理性因素)，则要么被看作是错误的来源，要么被看作是知性的构成部分。马克思的哲学是从批判意识哲学的绝对形式、黑格尔的自我意识哲学出发的。他从根本上扭转了意识哲学的研究方向，将哲学的出发点理解为人们的物质生产实践，人首先是社会性的

---

① [德] 于尔根·哈贝马斯：《后形而上学思想》，曹卫东、付德根译，译林出版社2012年版，第31页。

存在，而不是观念性的存在。所以，哲学的任务应该是改变世界，创造一个属人的世界，而不是从意识出发解释世界。

与此同时，新人本主义从人的存在状态、生命意义等个人的生存体验出发也开启了对意识哲学的批判。其中，赋予新人本主义以科学意义的是弗洛伊德的精神分析理论。弗洛伊德将人的精神生活的潜意识看作是左右人的根本力量，这一点对意识哲学关于"人是理性的动物"的观点的批判起了不可估量的作用。但是，不同于新人本主义对古典人本主义理性传统的彻底批判，弗洛伊德的精神分析学说将潜意识看作是对意识的一种限定，他的研究的目的旨在通过对人的无意识状态的分析、揭示，从而消除无意识状态。所以弗洛伊德的精神分析学说还是属于理性主义的传统，是对意识哲学的补充。在法兰克福学派"跨学科研究方法"中，最核心的就是将弗洛伊德的心理分析理论引入批判理论，这也是它力图挣脱传统马克思主义紧身衣的标志。在他们看来，传统马克思主义缺乏对人的观念过程与物质过程之间复杂关系的说明，而心理分析则能够提供二者之间失去的联结。弗洛姆试图通过引入弗洛伊德的心理分析理论更新关于人的本性的唯物主义观念，同时将心理分析与伦理学结合起来，以建立一种人道主义的伦理学，构建"自为的人"的新形象。在20世纪40年代，随着研究所成员对革命可能性不断增长的悲观主义情绪，马尔库塞则试图拯救被学派忽略的"革命的弗洛伊德"，构建了"爱欲人"，以唤醒革命主体的激情。

弗洛姆是在远离弗洛伊德的力比多理论的正统理论基础上，调和心理分析和马克思主义的。在《逃避自由》中，他站在马克思主义的立场，对人的生存条件有着更为浓厚的兴趣。他认为，人从自然和原始纽带中分离出来，要成为一个自由的个体，要么他通过爱的本性和生产性的工作建立起和世界的联系；要么放弃他作为个体的自由和完整，恢复和世界的联系以获得安全。弗洛姆认为，后者驱使人逃避自由，所以他的努力在于乐观的道德改良。因此，在《逃避自由》的续篇《自为的人》一书中，弗洛姆将心理学与伦理学结合起来，通过将人性的理解与对人的生活价值和规范的认识结合起来。由此，马克思的革命理论被转化成了道德改良的新话语。

相比较弗洛姆对马克思主义公开的人本主义化，马尔库塞对马克思主义的人本主义化是隐蔽和复杂的。对于马尔库塞而言，弗洛伊德使他坚定了革命的乌托邦方面。《爱欲与文明》这本复杂又丰富的书远远超过了此前批判理论试调和弗洛伊德与马克思主义的努力。详尽探讨该书的内容超出了本书的研究范围，但该书关于人的论述却值得注意。马尔库塞谴责弗洛姆将关注点从潜意识转向意识、从生物学转向文化因素，在他们的理论中没有超越现存制度的概念基础。而马尔库塞则从弗洛伊德的元心理学出发，将本能层次观念确立为一种独立的批判标准，并以此来评判社会并探讨如何塑造个人，于是属于无意识的生命本能被看作更体现人的本质，而这种生命本能就是爱欲，所以，人的解放根本上就是爱欲的解放。在此，马克思的革命理论被转化成爱欲解放的乌托邦话语。

总之，尽管弗洛姆和马尔库塞在对待弗洛伊德的正统理论，在将心理分析与马克思主义的结合方面存在着分歧，但从根本上看，他们提出的道德改良和爱欲解放的革命新理论其实是在寻求一种本质上是健全的、快乐的人的存在。他们将意识哲学中抽象的人性与道德、本能等问题结合起来考察，建构了人的新形象，所以这不仅是一种社会批判理论，更是一种深刻的哲学本体论。因而，他们的人学思想构成了西方马克思人学逻辑上的重要一环。

最后，早期批判理论家从弗洛伊德的无意识理论出发对意识哲学进行了第一轮批判。当弗洛伊德的定理被心理学的最新发展否定之后，哈贝马斯创造性地吸收胡塞尔的意识现象学、语言哲学、解释学等最新成果，将传统人学所理解的个人的凝固不变的"自然理性"的本质，创造性地转化个体之间所共有的"交往理性"，并赋予人学理论更为具体的内容。

如前所述，传统意识哲学在黑格尔的哲学体系中达到顶点。与此同时，它开始受到新人本主义的激进解构。而胡塞尔的意识现象学则试图为传统的意识哲学打开一片新天地，从而摆脱主体意识哲学的困境。他的意识现象学从根本上符合传统意识哲学关于主体与对象世界关系的讨论主题，但是，他又力图通过转向交互主体和生活世界，而摒弃传统意识哲学心理学意义上的个体。不过，在胡塞尔的哲学中，交互主体的提出不过是对先验纯粹主体的补充和修正，并不具有核心地位，他是摆脱了"唯我论"的先验的交互主体，即在每一个先验纯粹的本我中包含着他人。生活世界也不过是通向先验现象学的道路。因为，与人有关的生活世界仅仅作为先验分析的出发点，一旦进入先验哲学的领域之中，生活世界就立即遭到排斥。

哈贝马斯从外部对胡塞尔的先验交互主体和生活世界理论进行了批判性借鉴。在哈贝马斯看来，交互主体性或者交往理性是独立的、自在的范畴，是交往理论的核心范畴。而且，交往理性体现在日常交往和语言符号当中，既不是先验的东西，也不隶属于某个个体。而对于理解者而言，"生活世界构成一个视域，同时预先提供了文化自明性，由此，交往参与者在解释过程中可以获得共识的解释模式。价值共同体的团结以及社会化个体的能力，同文化上根深蒂固的背景假设一样，都属于生活世界的组成部分。"① 这两个概念构成了哈贝马斯交

---

① ［德］于尔根·哈贝马斯：《现代性的哲学话语》，曹卫东等译，译林出版社 2004 年版，第 349 页。

往理论的核心。在这里，"理性表现在交往行为中，并与各种自称总体性的传统、社会实践以及切身的复杂经验都保持着紧密的联系，其中介包括文化的自我理解、通过直觉而呈现出来的集体团结以及社会化个体的认知潜能等。仅仅以复数形式出现的特殊的生活方式，无疑并非只是通过家族相似性的网络而建立起相互联系，它们展示出了一切生活世界的共同结构"①。在此，哈贝马斯摆脱了工具理性批判的理论困境，展示了诸种社会行为合理性的可能性和必然性。从以主体为中心的理性到交往理性范式的转变，哈贝马斯试图开辟一条走出意识哲学的途径，从而再一次释放理性的潜能，确立现代性的规范内容。

对于哈贝马斯而言，交往理性的提出不仅仅针对意识哲学，而且针对工具理性批判思想。哈贝马斯认为，工具理性是交往理性这个全方位理性概念的一个内在向度。它体现了交往者对于客观世界的态度。现代资本主义社会中出现的种种弊病，问题不在于工具理性本身，而在于工具理性的越界，它脱离交往理性，而取得了支配地位。因而，关键不在于彻底否定工具理性，而是要限定其使用的范围，这正像康德的"知性为自然立法"对人的理性所做的限定。所以，哈贝马斯认为，在现代社会，人与人之间平等互信的交往和沟通才是更为深远和高尚的人本主义。在交往理论的基础上，哈贝马斯后期通过对现实政治的批判，开创了一种话语政治理论，试图赋予交往理论以可行性和操作性。

经过哈贝马斯的话语转换，法兰克福学派的理论经过了一次创造性

---

① ［德］于尔根·哈贝马斯：《现代性的哲学话语》，曹卫东等译，译林出版社 2004 年版，第 379 页。

提升。在马尔库塞和弗洛姆哲学中凸显的西方马克思主义人学立场再次返回幕后，成为一种人本主义的价值诉求。同时，经过了对意识哲学的两次批判，法兰克福学派的人学立场既克服了传统人学的形而上学性，也对革命的乌托邦理论进行了纠正，将关于人的讨论置于更为丰富的理性基础之上，从而为批判理论确立了规范基础。

法兰克福学派"综合性人学观"的确立既与其学派成员众多有关，也与学派成员善于对既有理论资源的批判性整合密切相关。马克思"社会性的人"和早期西方马克思主义对主体能动性的强调，叔本华和尼采等开创的新人本主义思潮，韦伯对合理性和理性的自我分裂的分析，弗洛伊德的精神分析理论，以及语言哲学的最新成果等多个异质性话语都被有效地整合进其人学视野当中。因而，这种"综合性的人学观"兼具建构与批判的双重维度，它深化和拓展了人学的内涵与外延，同时也开启了一种复合型的人学批判维度。法兰克福学派这种兼具建构和批判双重维度的"综合性的人学观"对于当代中国现代性立场的建构无疑具有重要的启迪意义。

（二）当代中国主体性原则的确立与反思

马克思主义是中国现代化建设的根本意识形态，所以，当代中国现代性的话语构建必然以中国化的马克思主义为理论基础，以人的自由全面发展为价值取向。但是，由于现代性的矛盾本质，当代中国现代化进程开启之初就蕴含着目标分歧，导致现代化的意识形态包含复杂的理论资源。因此，当代中国现代性的主体性构建并不是单向度的，其立场自然也是复杂交织的。这种复杂性既表现为现代性目标的辩证张力又表现为启蒙主义思潮在寻找个人自主性过程中，"既从西方的宗教改革和古典哲学（特别是康德学说）中汲取思想资源，也从尼采、萨特等思想家那里得到灵感"①。这些分歧在哲学层面都落实到对"主体性"的不同理解上来。

从西方现代性的理论史来看，现代性固然是自己为自己立法，但它并不是独白，而是从一开始就包含着反思、批判的维度。当代中国现代性在确立人学立场的过程中，作为现代化意识形态的马克思主义正是将多元思想资源整合到自身话语体系当中，形成了当代中国现代性的人学立场和核心价值观。我们有必要从学理的层面对当代中国现代性"立人"主题的建构过程进行解构和反省，以释放其主体性的批判活力，展现现代性固有的批判维度。

当代中国主体性构建的真实背景是西方主体性的黄昏。大致来看，"西方的人学太阳在文艺复兴时期喷薄跃现，经过几个世纪的发展，历经文艺复兴时期的人文主义、17—18世纪政治上冲击专制的人道主义和19世纪德国人本主义的古典理性主义和类本体人学阶段，20世纪进入个人本位的新人本主义（尼采、弗洛伊德到萨特）发展阶段，30—50年代上升、达到顶点。而自60年代末以后，这一轮新日开始西斜逐步至黄昏"②。与之相比，中国现代性构建过程中关于主体性问题的讨论，萌芽于五四新文化运动时期，正式开始于20世纪80年代新启蒙运动时期。在西方人学体系内部，尤其是西方马克思主义的人学体系中，兼具建构和批判双重维度的法兰克福学派"综合性的人学观"对于确立和反思当代中国现代性的主体性原则有重要的理论意义。

法兰克福学派"综合性的人学观"首先为当代中国的主体性原则建构提供了富有价值的理论资源。当代中国主体性原则的确立经历了一个

---

① 汪晖：《当代中国的思想状况与现代性问题》，《文艺争鸣》1998年第6期。
② 张一兵、夏凡：《人的解放》，河南人民出版社2011年版，第3页。

复杂的过程。因为，现代性问题是从西方缘起的，其主体性原则必然是资产阶级意识形态的体现，而中国的社会主义现代化是在与西方不同的历史语境中展开的。所以，20世纪70年代末80年代初，现代化的历史进程在社会主义语境中重新开启时，社会主义意识形态最开始对西方现代性理论是持排斥态度的。因而，现代性在中国语境中还处于"不在场"的状态。

真正使得马克思主义与现代性理论相接触，并使得马克思主义具有活力的是在马克思主义内部展开的关于人道主义和异化问题的讨论。以这一讨论为中介，青年马克思《1844年经济学哲学手稿》中的人道主义和主体性思想进入学术界和思想界的视野，作为现代性问题核心的"主体性"概念从马克思主义理论内部生发出来。与此同时，在思想解放运动的背景下，法兰克福学派内部以对马克思主义人道主义化阐释著称的马尔库塞和弗洛姆的思想被引入中国思想界，从而拓展了中国学者对《手稿》及其主体性问题的讨论视野，进一步激活和拓展了马克思主义的主体性哲学内容，对中国现代性构建确立主体性原则提供了理论支持。

20世纪80年代，"新启蒙主义"与马克思主义分别作为矛盾的否定和肯定方面共同发挥作用，构成当代中国现代化意识形态的重要一环。"在这种自我理解中被遮盖了的，是作为现代化的意识形态的'新启蒙主义'与作为现代化的意识形态的马克思主义的共同价值目标和历史理解方式：对进步的信念，对现代化的承诺，民族主义的历史使命，以及自由平等的大同远景，特别是将自身的奋斗和存在的意义与向未来远景过渡的这一当代时刻相联系的现代性的态度，等等。"①

---

① 汪晖：《当代中国的思想状况与现代性问题》，《文艺争鸣》1998年第6期。

一方面，在推进市场经济的社会主义改革语境下，新启蒙主义者所讨论的主体性概念主要与西方资本主义突飞猛进时期的古典人本主义所理解的主体性概念相一致，即建立在主体—客体二分的基础之上，洋溢着理性主义和乐观主义的气息；另一方面，在反思"文革"确立个体自主性的过程中，尼采、萨特、海德格尔等强调个人主义的新人本主义思潮也被作为思想资源，以彰显个人的存在感，使得抽象的人得以入世还俗，由此导致了在新启蒙主义思潮内部古典自由主义与激进的极端个人主义的对立。法兰克福学派作为新人本主义思潮的组成部分，追求个人幸福，反专制，也自然成为中国现代化意识形态的补充，发挥了意识形态批判的批判功能，其"综合性的人学观"开启了一种现代性的人学批判维度。

随着改革开放逐渐进入深水区，社会主义现代化建设在取得非凡成绩的同时，改革过程中所累积的一些深层次问题开始显现。西方现代性的反思维度才得以进入中国现代性的话语体系当中。在此过程中，法兰克福学派的工具理性批判思想对马克思主义来说成为真正有意义的理论资源。因为，一直以来，社会主义改革突出的是马克思主义的科学性和方法论，在社会主义改革过程中，立场、宗旨意识的淡薄，导致以追求经济增长为核心的工具理性对价值理性的主宰。因此，在马克思主义内部彰显价值理性，"以人为本"的科学发展观和社会主义核心价值观就被强调和予以重视。

经过了抽象的人、古典自由主义伦理和极端个人主义二分的两个阶段，马克思主义内部的人道主义思潮终于创造性地转化为中国化马克思主义的价值观，当代中国的主体性原则也得以确立。它一方面力图克服主体—客体二分的模式，在中国语境中批判工具理性对价值理性的统治，彰显自然和人的意义维度；另一方面又克服了古典人本主义和极端个人主义的冲突，在马克思主义"社会性的人"的理论基础之上，将人放置在具体历史条件中考察，提出经济社会发展与人的发展相统一的科学发展理念，以促进人的生活方式、行为方式、精神生活等朝着合理性的方向发展。

第 三 章

法兰克福学派与当代中国的启蒙

虽然我们一再强调中国现代性建构的特殊性，但是，现代性在其规范意义上，仍呈现出"家族相似"的性质，即总有一些基本的现代性特征要为大部分成员所共同拥有，而启蒙就是其中一个基本的特征。所以，要努力构建当代中国的现代性，就必然要论及启蒙。如何在马克思主义理论视域内回顾和反思启蒙是当代中国现代性建构的重要任务。这就决定了20世纪80年代在中国语境中展开的是一种不同于西方启蒙运动的新启蒙。这种新启蒙哲学是在马克思主义立场上对西方启蒙思想的反思和重新开启。而这种新启蒙哲学的话语也是经过建构的：法兰克福学派就是在马克思主义社会批判理论的方向上确立了对启蒙的反思与重新开启的问题意识。因此，通过对法兰克福学派新启蒙哲学的具体阐释，分析其与当代中国新启蒙主义的内在关系，并借助于这个"他者"来反思20世纪80年代中国的启蒙问题，是思考20世纪80年代中国启蒙问题的具体路径。

一、什么是启蒙：法兰克福学派的再答复

习近平总书记指出："改革开放是我们党的一次伟大觉醒，正是这

个伟大觉醒孕育了我们党从理论到实践的伟大创造。"[1]由此可见，思想观念和思维方式的变革是改革开放的先导。有学者因此呼吁，改革需要新启蒙，进而援引法国大革命时期的启蒙思想资源对当代中国的思想文化变革问题提出了一系列构思。这种照搬教科书的方式既无视中国推进改革开放的道路特殊性，又忽视了西方语境中启蒙问题的复杂性。米歇尔·福柯曾指出，法国虽然是欧洲启蒙运动的中心，但是却对启蒙本身缺乏反思。因为，"什么是启蒙"从一开始就是一个德国问题。由康德所开创的对启蒙理性深邃的批判精神，已经融进德国的文化基因。法兰克福学派是关于这一德国式问题的现代思考者，也是马克思主义社会批判理论的继承者。今天，步入新时代的中国仍处于并致力于其所批判重构的时代——现代。因此，从理论上深入探讨法兰克福学派关于启蒙内涵的重新理解、对启蒙困境的反思和继续推进启蒙的努力这三重维度，对于我们思考如何构建新时代中国的现代性哲学话语具有重要的理论和现实意义。

（一）什么是启蒙

一直以来，启蒙在西方语境中都是一个现代话题，意指"18世纪发生的对传统权威和偏见尤其是对宗教质疑，强调普遍的人类进步思想，个人主义倾向，科学上的经验方法的哲学运动、智力运动和精神态度"[2]。法国是欧洲启蒙运动的中心，但是法国人对启蒙本身的理解却缺乏内在反思。正如福柯所指出的："在法国，人们满足于18世纪哲学家们的某种政治评价，却低估了启蒙时代的思想，认为后者不过是哲学史

---

[1]　习近平：《在庆祝改革开放40周年大会上的讲话》，人民出版社2018年版，第4页。

[2]　陶伟文：《"启蒙"概念东渐之失及其方法论批判》，《西南大学学报（社会科学版）》2010年第1期。

上的一个次要事件。相反，在德国，启蒙所理解的东西多少被认为不那么重要，但启蒙本身显然被看作一个重要的历史时期，它生动地展现了西方理性的深刻命运。在启蒙中以及在整个启蒙运动时期（简单地说，与这个启蒙观念对应的是从 16 世纪到 18 世纪这段时期），人们试图破译和识别西方理性上升的最显著的线索，而这种理性所牵连的政治却受到了不信任的审视。可以粗略地说，这样一种交叉正刻画了 19 世纪和 20 世纪整个上半叶启蒙问题在法国和德国被提出的方式。"① 在此意义上，马克思认为，要公正地"把康德的哲学看成是法国革命的德国理论"②。恩格斯也指出："法国发生了政治革命，随同发生的是德国的哲学革命。这个革命是由康德开始的。"③ 中国学者何兆武在《历史理性批判文集》的再版序言中也指出："启蒙运动是人类的文明史（而不是人类的野蛮或愚昧史）上最为光彩夺目的一页，而康德则是启蒙哲学理所当然、当之无愧的最卓越的代言人。我们只需比较一下孔多塞（Condorcet）的历史哲学和康德的历史哲学，就可以看出二者档次高下之不同。"④ 由此可见，"什么是启蒙"这个问题从一开始就是一个德国问题。

康德在《答复这个问题："什么是启蒙运动?"》一文中，对"启蒙"作了合乎时代精神的经典阐述："启蒙运动就是人类脱离自己所加之于自己的不成熟状态。"⑤ 也就是说，不成熟并不是"自然"加之于我们的，而是人类自己加之于自己的。自然加之于我们的无知状态，可以通过知

---

① ［法］米歇尔·福柯:《什么是批判?》，严译胜译，见 ［美］詹姆斯·施密特编:《启蒙运动与现代性——18 世纪与 20 世纪的对话》，徐向东、卢华萍译，上海人民出版社 2005 年版，第 393—394 页。

② 《马克思恩格斯全集》第 1 卷，人民出版社 1995 年版，第 233 页。

③ 《马克思恩格斯全集》第 3 卷，人民出版社 2002 年版，第 489 页。

④ ［德］康德:《历史理性批判文集》，何兆武译，商务印书馆 1990 年版，第 5 页。

⑤ ［德］康德:《历史理性批判文集》，何兆武译，商务印书馆 1990 年版，第 23 页。

识、通过理论理性来克服，然而，要激发人们公开使用理性的勇气和决心，使人类从由于怯懦、懒惰、偏见等导致的不成熟状态中走出来，则不仅是知识问题，更是实践问题。因此，启蒙并不是使得人类通过获得知识摆脱恐惧，树立自主，而是通过摆脱服从和统治而实现自主。由此可见，在康德看来，启蒙所诉诸的理性根本上不是理论理性，而是实践理性。何兆武指出："启蒙哲学家，尤其是 18 世纪法国的启蒙哲学家（philosopher，中国台湾学者译此词为"哲士"，以有别于通常意义上的哲学家）往往把历史发展的历程等同于人类智性或悟性认识发展和提高的过程，这正是他们思想的局限性之所在。"而"理性到了康德这里，已不再局限于狭义的智性或悟性，而是在更高一级并在更深的层次上统摄人类全部心灵能力的理性"①。

康德在写下这篇短文时（1784 年），法国大革命时隔 5 年后才爆发，但通过对启蒙运动的理性基础进行批判反思，康德对法国大革命理性的独断和自负做了深刻的理论洞察。这一问题深刻地影响了德国的思想，从门德尔松和康德开始，经黑格尔、马克思、尼采、胡塞尔、韦伯和法兰克福学派等，一直贯穿下来。

法兰克福学派对这一问题做了集大成思考，并且影响深远。学派成员将康德、黑格尔、马克思、尼采、韦伯等德国思想家对启蒙理性的批判性思考整合进自己的批判理论框架之中，结合资本主义社会的最新发展，对资产阶级的启蒙理性进行了独树一帜的深刻批判，对"什么是启蒙"这一问题做了新的诠释。《启蒙辩证法——哲学断片》是法兰克福学派最负盛名的代表作之一，是我们这个时代思考启蒙问题"不可逾越

---

① ［德］康德：《历史理性批判文集》，何兆武译，商务印书馆 1990 年版，第 8 页、第 5 页。

的智力高地"。在《启蒙辩证法——哲学断片》中，霍克海默和阿多诺在对启蒙的倒退进行反思的时候，交织进行的是对启蒙概念的重新确证。他们认为，启蒙的自我确证与启蒙的自我毁灭走的是同一条道路，对启蒙的自我毁灭进程的反思必然建立在对启蒙本身的确证基础之上。正如他们在前言中所指出的："对启蒙的批判，目的是想准备好一种肯定的启蒙概念，以便把它从与盲目统治的纠结之中解脱出来。"①

霍克海默和阿多诺力图从三个方面重构一个肯定的启蒙概念。

首先，他们将启蒙的时间界限从18世纪启蒙运动时期向前追溯到西方文明的源头，认为启蒙是与人类文明相伴随的一个概念。在"附论2：朱莉埃特或启蒙与道德"中，霍克海默指出："从对粪便和人肉的厌恶，到对狂热、懒惰以及精神贫困和物质贫困的蔑视，贯穿着一连串的行为模式，但这些行为模式却从合适必要的形式变成了令人厌恶的形式。这个过程是毁灭和文明的双向过程。人类前行的每一步都表明某种进步，都是启蒙的一个阶段。"② 自18世纪开始的现代启蒙运动，不过是人类启蒙历史进程中充满狂热、激进色彩的一个阶段。在《启蒙辩证法——哲学断片》开篇，霍克海默和阿多诺指出："就进步思想的最一般意义而言，启蒙的根本目标就是要使人们摆脱恐惧，树立自主。"③ 也就是说，启蒙所包含的诸要素早在人类文明形成的初期就已经具备了萌芽状态。例如，"理性、自由以及资产阶级精神所追寻的线索，远远超

① ［德］马克斯·霍克海默、西奥多·阿多诺：《启蒙辩证法——哲学断片》，渠敬东、曹卫东译，上海人民出版社2003年版，第3页。

② ［德］马克斯·霍克海默、西奥多·阿多诺：《启蒙辩证法——哲学断片》，渠敬东、曹卫东译，上海人民出版社2003年版，第101页。

③ ［德］马克斯·霍克海默、西奥多·阿多诺：《启蒙辩证法——哲学断片》，渠敬东、曹卫东译，上海人民出版社2003年版，第1页。

出了某些历史学家所说的始于中世纪末期封建主义的资产者观念"①。所以，霍克海默和阿多诺将对启蒙的分析追溯到荷马史诗中的奥德修斯，在这个敢于冒险的英雄人物身上，他们发现了第一个启蒙者和第一个资产者。

其次，他们将启蒙的理论视野从康德所理解的精神解放层面拓展到人类解放的自然基础层面，启蒙不是人对自然的疏离、统治，也不仅仅是人自身的解放，而是追求人与自然的双重解放。霍克海默指出："统治自然就内在地包含着统治人类"②，迄今为止，"每一种彻底粉碎自然奴役的尝试都只会在打破自然的过程中，更深地陷入自然的束缚之中。这就是欧洲文明的发展途径"③。马尔库塞也指出："对人的统治是通过对自然界的统治而实现的。"④所以，人类的解放与自然的解放密切相关。"只有在君主们的'密探和媚臣们打听不到的'范围，即在被占据支配地位的科学一直忽视的自然被看作发源地的时候，启蒙才能获得自我实现，并最终自我扬弃。"⑤在此意义上，启蒙所诉诸的理性不是法国式启蒙的主体理性，而是将人与自然统一起来的客观理性。只是从近代开始，这种具有内在统一性的客观理性逐渐被主体理性所异化，并走向了形式化。

---

① ［德］马克斯·霍克海默、西奥多·阿多诺：《启蒙辩证法——哲学断片》，渠敬东、曹卫东译，上海人民出版社 2003 年版，第 46 页。

② Max Horkheimer, *Eclipse of Reason*, Columbia University Press, 1946, p.93.

③ ［德］马克斯·霍克海默、西奥多·阿多诺：《启蒙辩证法——哲学断片》，渠敬东、曹卫东译，上海人民出版社 2003 年版，第 10 页。

④ 复旦大学哲学系现代西方哲学研究室编译：《西方学者论〈一八四四年经济学—哲学手稿〉》，复旦大学出版社 1983 年版，第 146 页。

⑤ ［德］马克斯·霍克海默、西奥多·阿多诺：《启蒙辩证法——哲学断片》，渠敬东、曹卫东译，上海人民出版社 2003 年版，第 39 页。

最后，启蒙自我实现的可能性来自批判理论，而不是传统理论。霍克海默指出："放弃了思想，启蒙也就放弃了自我实现的可能。……但是，真正的革命实践则取决于理论对麻木不仁拒不妥协，后者正是社会使思想发生僵化的原因。"①而这样一种毫不妥协的理论精神是什么？显然，它并不是通往逻辑主义、实证主义道路上的传统理论。因为，正是这种关于理论的传统观念导致启蒙走向自我毁灭，并具有极权主义性质。这种毫不妥协的理论精神来自批判理论。在批判理论看来，"思想总能够把自身模棱两可的性质具体地描述出来。思想不是一个主人随便就能控制得了的奴隶。"②思想从来不能在社会领域中控制住自己，它总是作为社会历史中的非独立环节起作用。它的目标不是知识本身，而是把人从奴役中解放出来。这在根本上与康德所确立的启蒙精神是一致的。康德把批判和对知识的理解紧密地联系起来，把启蒙放在和批判有关的语境中，使批判成了一项基本的任务和前提，而这也是法兰克福学派对启蒙予以批判思考的着力点。

总之，启蒙是与人类文明进程相伴随的一个概念，在最一般的意义上是摆脱恐惧、树立自主，实现人与自然的双重解放，而它借以实现自身的可能性来自批判理论。这种肯定的启蒙概念构成了法兰克福学派反思启蒙的理论框架，也成为摆脱启蒙困境的出发点。例如，从启蒙的时间界限来看，如果神话已经是启蒙，那么才有了启蒙倒退为神话的理论分析。从启蒙的理论视野看，其目标是实现人与自然的双重解放，所以，对主体形而上学、主观理性、工具理性的批判是反思启蒙的核心内

① ［德］马克斯·霍克海默、西奥多·阿多诺：《启蒙辩证法——哲学断片》，渠敬东、曹卫东译，上海人民出版社 2003 年版，第 39 页。

② ［德］马克斯·霍克海默、西奥多·阿多诺：《启蒙辩证法——哲学断片》，渠敬东、曹卫东译，上海人民出版社 2003 年版，第 34 页。

容。从启蒙实现的可能性来看，其动力来自批判理论，来自思想、理论的批判能力，因此，对导致思想实证化、理论僵化的逻辑主义、实证主义的批判是反思启蒙困境的内在要求。

（二）对启蒙的批判反思

霍克海默和阿多诺诉诸批判理论所要完成的是对"启蒙"的启蒙，即对启蒙的批判反思，使得启蒙名副其实。因为，"如果启蒙没有对这一倒退的环节进行反思，它也就无法改变自身的命运了"①。因此，启蒙对自身蕴含的毁灭力量的揭示和批判就是启蒙自我拯救的努力之一。根据前面分析的启蒙概念，启蒙目标是实现人与自然的双重解放。因此，对主体形而上学统治的批判是霍克海默和阿多诺反思启蒙的核心内容。

在这里，霍克海默继承了德国哲学自康德以来由韦伯进一步加以发挥的理性分化的思想，对近代以来以实证主义为代表的主体形而上学进行批判。康德所提出的统摄人类全部心灵能力的理性以它自身分化为理论理性和实践理性为前提。但是，霍克海默认为，康德的理性概念是含糊不清的，统摄人类全部心灵能力的理性作为超越于个体之上的先验自我，包含了人类社会共同生活的自由观念。在这种人类共同体中，力图通过自觉的整体协同来克服先验自我和经验自我、纯粹理性和经验理性的矛盾，不过是一种乌托邦式的空想。理性的主体，即先验自我与理性自身之间对立的"二律背反"难题并未解决。

通过西方马克思主义开创者卢卡奇、科尔施的中介，韦伯的理性分化思想构成了法兰克福学派反思启蒙困境的基本前提。韦伯认为，社

---

① ［德］马克斯·霍克海默、西奥多·阿多诺：《启蒙辩证法——哲学断片》，渠敬东、曹卫东译，上海人民出版社 2003 年版，第 3 页。

会行动一般有工具理性的（zweckrational）、价值理性的（wertrational）、情绪的（尤其是情感的）和传统的四种类型的取向。韦伯将近代西方资本主义经济活动看作一种"理性经济行动"，即需要具备工具合理性的深思熟虑的有计划的行动。在论述"经济"合理性行为时，他还采用了"形式合理性"和"实质合理性"的区分。在工具理性和价值理性、形式理性和实质理性这四个概念中，工具理性和形式理性是一对密切相关的概念。现代资本主义社会就是一个充满工具理性和具备高度形式理性的制度。在对近代资本主义合理化的评价方面，韦伯认为，西方资本主义现代化是一个价值理性萎缩、工具理性膨胀的过程。出于对社会科学"价值中立性"的理论志向，韦伯对资本主义合理化过程的分析侧重于实证、经验性分析，而缺少对理性本身的思辨性思考。

在《理性之蚀》中，霍克海默将对理性疾病的诊断看作是启蒙自我实现的切入点。他指出，该书的"目的是进一步探讨支撑我们当代工业文化背后的理性概念，从而阐明是否这个概念不包括在本质上已经被损坏了的缺点"[1]。霍克海默认为，将理性看作是由于其内涵太深刻或者思想太晦涩而难以用语言来表达是错误的。他综合了韦伯的形式理性和实质理性、工具理性和价值理性的两重划分，从主观理性和客观理性的角度对理性进行了分类。主观理性认为，"最终决定理性行为的力量是分类、推论、推理的能力，而不关乎思维机制的抽象功能和具体内容。"这种理性"关心方法和目标，将过程的目标看作是理所当然的和可以自我解释的，而很少关心这一过程的目标是否是合理的"[2]。与此同时，霍克海默认为："一种与之完全相对立的理性是存在的。这种理性

---

① Max Horkheimer, *Eclipse of Reason*, Columbia University Press, 1946, p.1.

② Max Horkheimer, *Eclipse of Reason*, Columbia University Press, 1946, p.1.

认为，理性作为一种力量不仅仅存在于个人的思想中，还存在于各观世界中——与人类存在和社会阶级相联系，在社会机制中，在自然和它的显露中。伟大的哲学体系，例如柏拉图、亚里士多德、经院哲学及德国唯心主义体系都是建立在客观理性基础之上的。它旨在包括一个综合的体系、等级制度、所有的存在、人和他的目标。……客观理性从不排斥主观理性，而是将后者看作仅仅是普遍理性的片面、有限的表达，所有事物和存在的标准、尺度都来源于这一普遍理性。"① 霍克海默对理性的划分旨在批判正在走向"极权"的主观理性，而拯救内含于人类和自然统一本性中的客观理性。

近代以来，主体性原则的确立预示着主观理性的胜利。在《启蒙辩证法——哲学断片》中，霍克海默和阿多诺通过进一步批判工具理性，对篡夺客观理性地位的算计性的知性进行清算。启蒙自身所具有的破坏性因素源于客观理性中蕴含着的主观理性，客观理性在启蒙过程中逐渐异化，演变为计算的理性形式。所以，主观理性也被称为形式理性、工具理性、计算理性等。正是因为这种具有算计性的工具理性，现代启蒙运动将神话所蕴含的启蒙逻辑发展到极端，并带有极权主义性质。

在工具理性的支配下，数字成为启蒙精神的原则。相应地，在资本主义社会中，等价原则是市民社会的基本准则，它将不同质的事物还原成抽象的量的方式，从而使得其具有可比性。所以，启蒙运动虽然消除了旧的等级不平等和不公正，确立了自由、平等的资产阶级意识形态体系，但是，在一个普遍性的中介（货币）中，它又使得这种不平等固化下来。同样，抽象的同一性使得具有质的多样性的自然事物在工业的支

---

① Max Horkheimer, *Eclipse of Reason*, Columbia University Press, 1946, p.4.

配过程中变成可以再现的和可自由替换的。在这种同一性逻辑中，个人也失去了真正人的特性，自我被设定为一个物、一个标签、一种统计因素或者是一种成败。资产阶级"自我持存"的标准将一切人的自然足迹都加以消除，而只剩下先验的逻辑自我。主体取消了自我意识，而将自我客体化为技术过程的一个环节，人的灵魂也被工业化进程加以物化。

此外，资本主义制度下的科学、艺术、道德等都被工具理性的总体性逻辑所控制。科学中不再有特定的替代物，替代物变成了普遍的可替换性，每个事物都被划入同类事物之中，科学的对象变得僵化。于是，万物服从科学家的意志，人服从资本的意志。同时，艺术也效仿科学，并迎合世界，成为意识形态的牺牲品。伴随着工具理性对自我的完全控制，冷漠成为德性的必要前提。这种出于冷漠的道德决断与萨德笔下朱莉埃特竭力鼓吹的罪犯的自我律令是完全一致的。严肃的道德与绝对的不道德之间的矛盾消解了，伟大的康德与下流的萨德破天荒地结合在了一起。

工具理性总体性统治局面的形成带来了主观理性的最终胜利。主观理性最初源于人对自然的恐惧情感，而经过启蒙后的世界带给人的却是彻底而又神秘的恐惧。因为，不同于神话将非生命与生命相结合，启蒙将生命与非生命结合了起来，人再一次迷失在了冷冰冰的机器和数字丛林中。从思想史和现实的角度来看，霍克海默和阿多诺关于启蒙退化反思的基本共识是：工具理性是资本主义发展的内在要求，资本主义又反过来助长了工具理性的膨胀，其极端表现就是法西斯主义和现代极权主义的兴起。所以，极权主义不是对现代启蒙运动和自由主义的否定和反叛，而是资本主义工具理性总体性逻辑的发展所致。

一直以来，《启蒙辩证法——哲学断片》被公认为是一部"悲观"

的理论著作，字里行间透露出启蒙走向厄运的不可逆转和人类解放希望彻底破灭的信号。所以，《启蒙辩证法——哲学断片》一直被认为已经背离了马克思主义的人类解放理论，放弃了对人类解放的信念。例如，霍克海默、阿多诺的学生哈贝马斯认为，在《启蒙辩证法——哲学断片》中，他们加入了"悲观"作家的行列，把启蒙的自我毁灭过程加以绝对化，根本就没有告诉人们该如何摆脱工具理性的暴力神话。

但是，在1942年底，当《启蒙辩证法——哲学断片》第一章完成的时候，霍克海默在给马尔库塞的信中这样说："恐怕这是我写过的最艰难的文章。此外，它读上去多少是消极的，我现在试图克服这一点。我们不应该像那些对实用主义的作用感到绝望的人们那样。可是我也不情愿简单地加上些积极的段落，用悦耳的音调说'理性主义和实用主义还不是那么坏'。第一章中完成的毫不妥协的分析，本身就是对理性思想（rational intelligence）的积极作用的一种更有效的肯定，这比为了淡化对传统逻辑及其相关哲学的攻击所能做的任何辩护都更有效。"① 也就是说，《启蒙辩证法——哲学断片》中批判理性和理性地思考之间存在着一种张力。因为，作者的用意旨在将深植于人类文明中的苦难诊断出来，从而重新思考启蒙这个观念本身，使得启蒙这一观念也获得解放，从而开启一种新启蒙。所以，《启蒙辩证法——哲学断片》本身是一部深刻的、悲观的乐观主义作品。

（三）拯救启蒙

虽然《启蒙辩证法——哲学断片》的论述始终保持着悲观、灰色的

---

① ［德］罗尔夫·魏格豪斯：《法兰克福学派：历史、理论及政治影响》上册，孟登迎、赵文、刘凯译，上海人民出版社2010年版，第425—426页。

基调，但是从一开始，霍克海默和阿多诺就确认了他们对进一步启蒙的忠诚与希望。他们认为，他们的任务并不是要维护过去，而是要拯救过去的希望，从而让美梦成真。霍克海默和阿多诺后来试图撰写一部续集《拯救启蒙》，但这一宏愿一直没有完成。因此，重拾《启蒙辩证法——哲学断片》的思想遗产，思考和感悟两位作者的"未言之言"，是研究法兰克福学派启蒙思想不可或缺的维度。对肯定的启蒙概念进行分析，为探索法兰克福学派如何拯救启蒙提供了必要线索。

首先，批判理论是人类拯救启蒙的自我意识。启蒙的自我实现需要借助于批判理论。在着手撰写《启蒙辩证法——哲学断片》（开始于1942 年）之时，法兰克福学派已经初步形成了批判理论的研究范式。早在1931 年，霍克海默就任社会研究所所长时，发表了题为《社会哲学的现状与社会研究所的任务》的就职演说，力图就此改变第一任所长格律恩堡"重史轻论"的做法，为社会研究所确立了"社会哲学"的研究方向，这就确立了批判理论的研究基石。之后，霍克海默在《社会研究杂志》上发表了一系列文章，旨在对现实社会问题进行理论分析，后来被编入《批判理论》一书。该书被看作是批判理论的纲领性文献，影响到马尔库塞、哈贝马斯等人对社会的批判性考察。在收入该书的《传统理论与批判理论》（写于1937 年）一文中，霍克海默首次提出了"批判理论"的概念，并在与传统理论的对照中，系统论述了批判理论的宗旨、起源及研究方法。与此同时，马尔库塞也在《哲学与批判理论》一文中，提出了"批判理论"的概念。

霍克海默认为，传统理论与现代哲学的开端一致，起源于十七八世纪，以取得巨大成功的自然科学为榜样，以增长知识为目标。霍克海默指出："当代人的自我认识并不是一种自称为永恒的逻各斯的、关于自然的数学知识，而是本来意义上的社会批判理论，是时时由对合理生活条件的关心支配着的理论。"①批判理论不仅仅是德国唯心主义和马克思的政治经济学批判的后代，它是哲学本身的传人，它的目标在于把人从奴役中解放出来。对立于传统理论，批判理论是人类拯救启蒙的当代自我意识。正是在批判理论的范式下，启蒙开启了深刻的自我反思，启蒙仍在路上。

在法兰克福学派后来的发展中，批判理论的主题得以很好地贯彻下去。与此同时，批判理论的规范化和实证化研究不断得到探讨和加强，这也意味着批判理论真正迈入了拯救启蒙的历史阶段。法兰克福学派第二代代表人物哈贝马斯在接受访谈时指出了老一代批判理论的三个缺点：第一，对工具理性的激进批判导致怀疑到理性本身；第二，涉及从黑格尔那里继承的真理的哲学概念问题；第三，未能重视资产阶级民主的遗产。基于这些缺点，哈贝马斯从现代性脆弱的文化遗产所蕴藏的一种未被破坏的"主体间性"观念出发，并结合合理化理论、行为理论、意义理论、言语行为理论以及分析哲学等相关理论，建构出一种"交往行为"理论。对于哈贝马斯而言，交往行为理论并不是一种"元理论"，而是为社会批判理论提供规范性的一种尝试，这一理论具有发现社会病理现象所需的准确性，所以其本质是一种社会批判理论："交往行为理论要尽可能地勾画出现代发生悖论的社会生活关系。"②围绕这一理论，哈贝马斯发展出批判理论的现代性理论，从而试图激活启蒙的内在潜力。

其次，"现代"是拯救启蒙的历史意识。哈贝马斯将霍克海默和阿

---

① ［德］马克斯·霍克海默：《批判理论》，李小兵等译，重庆出版社1989年版，第191页。

② ［德］尤尔根·哈贝马斯：《交往行为理论：行为合理性与社会合理性》，曹卫东译，上海人民出版社2004年版，第4页。

多诺在《启蒙辩证法——哲学断片》中对工具理性的批判界定为"意识形态批判的总体化批判",即"理性缺位的总体性批判"。哈贝马斯也认为,《启蒙辩证法——哲学断片》对神话和启蒙也有另一个维度的描述,但是这个维度出现在极少数地方,因而被意识形态总体性的批判逻辑所遮蔽了。哈贝马斯的阐发在一定程度上主导了后人对《启蒙辩证法——哲学断片》悲观性的理解。

但是,从霍克海默、阿多诺的初衷来看,这种判断是不正确的。他们认为,启蒙是与人类文明的历史进程相伴随的,要重新开启启蒙,关键不在于维持过去,而是要保持历史的开放性,从而让过去的希望得以继续实现。所以,新的启蒙既不是对未来持悲观主义的看法,也不是对过去进行虚无主义的否定,而是要对历史的未来保持乐观开放的态度,保持着"对完全是另一种东西的渴求"。所以,启蒙与神话一样,具有控制、压迫人的一面;但是,它也与神话一样,具有成就人的一面,新的启蒙就是要继续释放初次启蒙中的潜力,将历史向未来敞开。因而,这是一种"现代"的历史意识。

哈贝马斯将老一代批判理论家拯救启蒙的努力看作是一种审美现代性的救赎,哈贝马斯认为,"现代性规划"是一个系统工程,不能仅仅局限于艺术领域。由波德莱尔所开创、被尼采加以概念化,并被早期批判理论家进一步推进的审美现代性没有意识到,审美经验与科学、道德一样,也是得益于价值领域的分化和知识的增长。所以,审美现代性所进行的理性批判越是将自己局限于某一个话语领域和有效性方面,它就越是脱离日常生活实践,因而就越容易以一种无中介的方式将其转移到日常生活的私人领域和公共领域,从而导致个体生活的审美化。以审美现代性为代表的这些理性批判都是力图否定现代性的激进方案。所以,哈贝马斯认为,现代性尽管出现了一些病理性特征,但是"现代性的规划尚未实现。……这个规划旨在把现代文化与日常实践有所区分地结合起来，这样的日常实践仍依赖重要的文化遗产，但是仅仅通过传统日常实践将会变得贫困。然而，这种新的结合只有在如下条件下才能实现，那就是社会现代化向一个不同的方向发展"①。因而，哈贝马斯认为，现代性是一项未完成的规划，现代是拯救启蒙的历史意识。

最后，自然的解放是拯救启蒙的发源地。一直以来，启蒙不断走向倒退的原因在于它与主体形而上学有着千丝万缕的联系。主体形而上学以主观理性为基础，并在发展过程中走向了形式化和工具化。而要拯救启蒙，关键是要重新思考古典哲学的"理性"原则，确立客观理性。因此，霍克海默和阿多诺将启蒙的理论视野从人的精神解放层面拓展至人类生存的自然基础解放层面，认为启蒙的目标是实现人与自然的双重解放。所以，拯救启蒙，就要摆脱主体形而上学的束缚，将自然看作是自身的发源地，否则的话，奠基于主体形而上学的启蒙不过是一场虚幻。也正如《启蒙辩证法——哲学断片》所揭示的，启蒙本是为了追求解放，却导致了新的奴役。批判理论在后来的发展中，先后从"属人的自然"和"第二自然"两个维度深化了自然的解放与拯救启蒙关系的思考。

1968 年以法国"五月风暴"为标志的学生运动失败以后，马尔库塞为总结这次运动而写了《反革命与造反》（1972 年）一书。其中，在《自然与革命》一文中马尔库塞认为，在主观理性的主导下，一方面，自然界本身受到越来越有力的控制；另一方面，它也变成了控制人的力量，变成了社会伸展出来的手臂和它的抗力。所以，在未来革命的历史形式中，自然的解放将成为社会变革的一个不可分割的组成部分。所谓

---

① ［德］于尔根·哈贝马斯：《现代性对后现代性》，见周宪主编：《文化现代性精粹读本》，中国人民大学出版社 2006 年版，第 147 页。

"自然的解放"，就是"恢复自然中的活生生的向上的力量，恢复与生活相异的、消耗在无休止的竞争汇总的感性的美的特性，这些美的特性表示着自由的新的特性"①。在此，马尔库塞对自然的理解摒弃了本体论的思维方式，强调了自然本身的属人性和价值性。也就是说，一方面，自然，无论是"属人的自然"，还是"外部的自然界"，都是符合一种特殊的合理性的。解放自然，并不是要回到前工业技术阶段的浪漫时期。另一方面，自然本身是一种没有目的论的、没有计划和意图的"主体"，即自然本身有其"客观价值"，具有为了增强和实现生命所必不可少的特性。正因为自然有这种能力，所以自然是能够接受人加之于它的这种解放活动的。在自然的双重内涵中，马尔库塞关注的是"属人的自然"的解放，即个人感觉的解放。因为，他认为传统马克思主义着重于政治意识的发展，而不太关心在个人之中寻找解放的基础，而这正是《1844年经济学哲学手稿》的中心议题，却很大程度上被人们忽略了。

不同于马尔库塞侧重于"属人的自然"的解放，哈贝马斯强调了自然的价值性。因此，他着力探讨了"第二自然"，即文化解放的意义。在其交往行为理论中，作为与交往行为概念的互补，生活世界是一个更为饱满、丰富的概念，基本内涵是作为交往行为的活动场所和交往参与者的背景知识。哈贝马斯借鉴了帕森斯的"三分法公论"，将生活世界分为文化、社会和个性三个不同部分。在生活世界发挥理性潜能的三个部分中，哈贝马斯认为，文化的合理化尤为重要。因为，正是在文化领域，现代世界暴露出了其固有的结构缺陷，以文化革命为特征的社会运动的爆发不是偶然的。所以，文化现代性是生活世界合理化的重要内

---

① 复旦大学哲学系现代西方哲学研究室编译：《西方学者论〈一八四四年经济学—哲学手稿〉》，复旦大学出版社1983年版，第146页。

容，也是其现代性理论的落脚点。

哈贝马斯认为，在法律、道德、宗教、艺术等诸种文化价值领域渐次被体制化的背景下，针对某一种有效性要求的知识如果不安于自己的特定范围，就会造成生活世界交往基础的不平衡，导致生活世界的审美化、科学化或道德化等。所以，只有创造出认知、道德、审美、表现等诸因素之间的无限互动，才有可能拯救物化了的日常实践。因此，可以将交往行为理论看作是一种"文化现代性的批判理论"。

尽管哈贝马斯与霍克海默、阿多诺对待启蒙的态度存在差异，但是，从对启蒙批判的切入点和拯救启蒙的思路来看，他们之间有着内在的一致性，不能将他们的思想割裂开来。从总体上看，法兰克福学派启蒙思想家所提出的这些拯救启蒙的具体方案都不具备现实的可操作性，因而其最大的意义被认为体现了一种乌托邦的希望。但是，对于法兰克福学派而言，对启蒙的反思就是拯救启蒙，是避免启蒙继续退化的最强解毒剂。所以，这种对资产阶级理性思想毫不妥协的激进批判态度本身就是法兰克福学派启蒙思想的最大遗产。这直接影响了福柯的思考，福柯在为法国思想界提出认真对待"什么是启蒙"这一问题时，直接将启蒙看作是一种批判的态度。这也启发我们在全面深化改革、解放思想的过程中，要以批判审慎的态度对待资产阶级的启蒙思想，不能将其作为教科书，持简单的拿来主义态度。

二、法兰克福学派与 20 世纪 80 年代"新启蒙"

20 世纪 80 年代"新启蒙"是当代中国思想史上的一个重要里程碑，它上承 70 年代末政治领域开启的思想解放运动，下启 90 年代文化思想领域的嬗变和分化。80 年代"新启蒙"具体指的是知识界在文化思想领域内展开的对中国现代性问题的思考和讨论。值得一提的是，80 年代"新启蒙"并不是对"五四"启蒙传统的简单复归。因为，知识分子在重拾对西方的兴趣时，西方自身已经历了现代性的危机与深刻反思，整个世界历史的变迁使得 80 年代"新启蒙"置身于西方反思现代性的语境中。这就导致了 80 年代"新启蒙"力图将探讨提高到新时期的水平：其内部所进行的并不是单向度的思考，"第一次启蒙"与"对启蒙的启蒙"两种话语逻辑在其内部交织进行，充满张力。因而，探讨 80 年代"新启蒙"的哲学观念及其内在关系，对于理解 80 年代"新启蒙"的整体特征、发展趋势及其时代性具有更为本质和深远的意义。

（一）20 世纪 80 年代"新启蒙"的三种哲学观念

20 世纪 80 年代"新启蒙"发端于 20 世纪 70 年代末的文学领域，在 1984—1985 年达到高潮。因为，"在这一年的思想界，出现了当时来说并非那么引人瞩目的几件事情：'走向未来'丛书第一批正式出版、中国文化书院成立和新一代青年学者开始成为《读者》杂志的主流作者。第二年，北京一批学院的知识分子成立了《文化：中国与世界》编委会。"①这三个群体对启蒙的呼唤从感性的呐喊深入到理性的思考，从文学表达进入到哲学思辨，表达了 80 年代"新启蒙"的三种代表性哲学观念，代表了三个思想高地。陈来于 1988 年 1 月在中国台湾《当代》杂志上发表了《思想出路的三动向》一文。他在文中剖析了这三个"文化典型"："'走向未来'的科学精神，'文化：中国与世界'的文化关怀，'文化书院'的传统忧思，在一定程度上代表了近年来中国大陆文化讨

---

① 许纪霖、罗岗等：《启蒙的自我瓦解：1990 年代以来中国思想文化界重大论争研究》，吉林出版集团有限责任公司 2007 年版，第 6 页。

论的几个侧面。"① 陈来的这种概括方式得到了 80 年代"新启蒙"亲历者和研究者的认可。甘阳指出："陈来的文章相当客观、平实地介绍并分析了近年来文化反思的几个主要侧面。"② 而且，陈来的这篇文章"把三个编委会的差异概括得非常准确"③。80 年代"新启蒙"的研究者贺桂梅等也认可并采取了这种差异叙述，认为这三个"文化典型"从不同角度构成并推动了 80 年代的"文化热"。

首先，"走向未来"的科学精神。"走向未来"丛书编委会主要是通过编译的形式，向读者介绍当代西方的科学方法、理论及思潮。编委会的核心人物是金观涛，由他所著，作为首批"走向未来"丛书之一的《在历史的表象背后》，是该丛书最有代表性的文本。在该书中，金观涛把"二战"后兴起的系统论、控制论、信息论（"老三论"）方法应用于中国历史研究，提出了中国封建社会的停滞是由于它正好是一个超稳定系统的大胆设想。该书在当时最突出的影响在于方法论，引燃了 80 年代文艺理论研究的"方法热"。

在引介和运用科学方法的背后，"走向未来"丛书有着更为宏大的目标，即通过弘扬科学方法、科学理性对中国的历史和文化进行反思，从而推动思想启蒙。金观涛在访谈中指出："我们追求跨越学科限制，跨越古今中外，宗旨只有一个：有助于思想启蒙……走向全方位的现代化。启蒙运动是需要这个东西的，所以它才一下子影响那么大。"④此外，不同于"五四"时期推崇的科学主义，"走向未来"的科学精神

---

① 陈来：《思想出路的三动向》，见甘阳主编：《八十年代文化意识》，上海人民出版社 2006 年版，第 10 页。
② 甘阳主编：《八十年代文化意识》，上海人民出版社 2006 年版，第 10 页。
③ 查建英主编：《八十年代：访谈录》，生活·读书·新知三联书店 2006 年版，第 213 页。
④ 马国川：《金观涛：八十年代的一个宏大思想运动》，《经济观察报》2008 年 4 月 28 日。

还包括深刻的反思意识。例如："'走向未来'丛书第一批书出版的时候，就收了《增长的极限》，该书讲的正是发展带来的环境、资源等大问题，主张零增长。当时这本书表面上与整个要求中国经济起飞的大潮流不合，但却极具远见，预见了今天的问题。"① 在这个意义上，80 年代"新启蒙"的科学观念比"五四"时期的科学主义要深刻复杂。它构成了80 年代"新启蒙"哲学观念的一个重要维度。

其次，"文化：中国与世界"的文化关怀。"文化：中国与世界"系列丛书编委会以自觉的文化关怀，通过引介现代西方，尤其是欧陆人文哲学传统来思考中国文化的未来走向，从而与"走向未来"的科学精神形成明显对比。该丛书编委会的核心人物是甘阳，由他执笔，作为"文化：中国与世界"发刊词的《八十年代文化讨论的几个问题》一文代表了该编委会的基本思想取向。在该文中，甘阳指出："中国要走入'现代'的世界，这就不能不要求它彻底地从根本上改变它的'社会系统'、'文化系统'、'人格系统'，在这种巨大的历史转折年代，继承发扬'传统'的最强劲手段恰恰就是'反传统'！因为要建立'现代'新文化系统的第一步必然是首先全力动摇、震荡、瓦解、消除旧的'系统'，舍此别无他路可走。"② 编委会的这种激进态度是其被看作"全盘西化"的主要依据。由于编委会的现代学术文库等主要以学术界从业人员为主体，表现出了学院精英的风格。

从编委会翻译的书目来看，包括尼采的《悲剧的诞生》、韦伯的《新教伦理与资本主义精神》、海德格尔的《存在与时间》、萨特的《存在与虚无》等，这些译作质量非常高，对于当时中国学术界的启蒙意义毋庸

① 马国川：《金观涛：八十年代的一个宏大思想运动》，《经济观察报》2008 年 4 月 28 日。
② 甘阳主编：《八十年代文化意识》，上海人民出版社 2006 年版，第 32 页。

置疑。编委会的关注中心都是:"力图通过研究这些西方当代大思想家对西方近现代文化的反省和检讨,来更全面地把握当代西方文化的内在机制和根本矛盾,从而也就是间接地反思中国文化今后的走向。"[1]因此,"对现代性的诗意批判"[2]成为其共同的主题。这也表明,80年代"新启蒙"关于人学的思考,已经展现出不同于"五四"时期的新特点,面临着"两面作战"的任务:不仅对以"人的依赖性"为特点的传统文化保持批判,而且对以"物的依赖性"为特点的现代社会保持警醒。正如甘阳所说:"不但对传统文化持批判的态度,而且对现代社会也始终保持一种审视的、批判的眼光。"[3]

最后,中国"文化书院"的传统忧思。与"走向未来"和"文化:中国与世界"大异其趣的是中国"文化书院"。其创立宗旨之一,是通过对中国传统文化的研究和教学活动,继承和弘扬固有的优秀文化传统。作为主讲学者之一的李泽厚比较能够综合代表书院的文化追求,他的《启蒙与救亡的双重变奏》一文中的对待传统文化"转换性的创造"态度与书院的思想取向大体相同。

(二)三种哲学观念的同一性与差异性

在20世纪80年代这样一个"过渡性"的年代,在当代中国知识分子学术准备和思想汲取严重不足的情况下,这次启蒙运动在理论上很难产生出多少有建树的思想成果。因此,今天的研究者应着重讨论的并不是其中的一些具体观点和细枝末节,而是在这场运动中所流淌着的一般意识及其所蕴含的可能趋向。这种一般意识构成了80年代"新启蒙"

---

① 甘阳主编:《八十年代文化意识》,上海人民出版社2006年版,第9页。
② 查建英主编:《八十年代:访谈录》,生活·读书·新知三联书店2006年版,第199页。
③ 甘阳主编:《八十年代文化意识》,上海人民出版社2006年版,第7页。

哲学观念的内在同一性，而其所蕴含的可能趋向则表明 80 年代"新启蒙"哲学观念之间存在的矛盾斗争性。就目前的研究现状来看，研究者将更多的精力投入到建构 80 年代"新启蒙"的同一性话语中。然而，要深刻理解 80 年代"新启蒙"的"昙花一现"现象及其时代启迪，那么，对 80 年代"新启蒙"三种哲学观念的矛盾特殊性及其之间斗争性的剖析将是研究中更为重要的方面。

总体而言，80 年代"新启蒙"三种哲学观念的同一性通过时代意识和文化现代性两个概念被建构起来。

第一，时代意识。上述三个"文化典型"中的知识分子一致将所处的时代看作是一个崭新的历史时期，认为自己所从事的工作肩负着历史赋予的使命。马克思曾指出，任何真正的哲学都是自己时代精神的精华。上述三个"文化典型"，通过对"五四"的历史重构，借助于西方这个"他者"的启蒙话语，来获得自我认识。金观涛在访谈中指出："我们预感到中国将迎来一个新时代，我们必须为其做思想准备。"

第二，文化现代性。80 年代"新启蒙"力图在"文革"的历史反思基础上重估旧价值，建立新的价值信念和理想追求，首先就要对中国传统文化进行深刻反思。这三种哲学观念共同认为："中国封建社会的社会结构尤其是其文化结构是超历史的，并且具有强大的'复活'能力。"① 所以，反思传统，尤其是封建传统文化成为开创新时期的重要窗口，在中国和西方的文化比较中传播现代性的价值理念成为 80 年代"新启蒙"三种哲学观念共同的表达方式。在这里，它们都绕开马克思主义唯物史观的社会结构理论，直接将文化现代性看作是当代中国现代性建

---

① 贺桂梅：《1980 年代"文化热"的知识谱系与意识形态（下）》，《励耘学刊（文学卷）》2008 年第 2 期。

构的基础。这种理解后来被批评为"文化决定论"或"文化化约论"。

但是，在借鉴西方文化对中国传统文化进行反思的过程中，知识分子所面对的是已经经历过危机的西方现代性，三个"文化典型"在对西方文化进行引入和传播时并没有照单全收，而是根据自己的思考有选择地吸收。所以，在同一性背后客观存在着三种哲学观念的异质性甚至斗争性，正是这种内在异质性、斗争性规定着80年代"新启蒙"不可避免地瓦解，而不能简单认为此次启蒙是被外部力量"中断"了。

具体来看，"走向未来"丛书编委会以弘扬"科学理性"和"科学方法"的科学精神反思传统，尤其是反思"五四"以来的意识形态思想体系。在政治层面主导的思想解放运动中，马克思主义首先进行了自我反思批判，强调辩证唯物主义和历史唯物主义的科学性和方法论功能，对于冲破"以阶级斗争为纲"的教条束缚发挥了革命作用。然而，在实践操作层面不可避免地会显示出工具主义特点，这也为后来发展的不充分、不平衡埋下了伏笔。"走向未来"丛书编委会试图引进和传播英美经验论的科学主义，他们认为，这种经验论的科学主义与历史唯物主义的科学主义"主要差别在于对科学推崇的着重点不同，前者主要把科学理解为科学知识，后者则更强调方法"①。因此，他们旨在运用、传播和弘扬一个具有自我反思和自我批判能力的科学形象，不仅对"五四"以来僵化的意识形态进行批判，而且对科学本身保持反省意识。金观涛后来讲道："只有深刻的反思和求真精神并存，才能做到多元思想的共存，并在此之上明确未来的方向。"②

"走向未来"丛书主张通过科学理性反思中国文化，这种科学理性

---

① 刘青峰：《二十世纪中国科学主义的两次兴起》，《二十一世纪》(香港)1991年4月号。
② 马国川：《金观涛：八十年代的一个宏大思想运动》，《经济观察报》2008年4月28日。

不是独断、绝对的，而是一种辩证理性，体现了启蒙哲学蕴含的包容、批判精神。在此意义上，它与政治上的"思想解放运动"具有同构性。但是，这种启蒙哲学观念对传统文化的反思，是建立在"外部反思"基础上的：一方面，它以系统论等现代科学方法为依据，用"超稳定结构"的范式来解释中国封建社会的长期性和稳定性，根据唯物史观理论，这种对历史的范式理解，本身就是超历史的一般历史哲学；另一方面，它以辩证科学理性为依据，批判马克思主义在批判旧的意识形态后建构了新的意识形态，从而导致了僵化。它没有理解马克思主义是科学性与革命性相结合的理论，马克思主义中国化的历史进程体现着历史必然性和主体选择性的有机统一。所以，它一再强调以科学理性反思、重建传统，但结果却是"反传统"的，既反"五四"以前几千年的封建传统，又反"五四"以来的革命传统，由于没有扎根进中国的历史土壤中，所以未能结出有果实的花朵。

　　"文化：中国与世界"丛书编委会通过引介欧陆现代人文哲学进行思想和学术启蒙。该丛书编委会毫不避讳，要致力于激进的反传统，以"文化的现代化"来作为现代化的根本落脚点。德法现象学、诠释学、存在主义、法兰克福学派阿多诺、马尔库塞的审美思想等成为编委会最关心、最感兴趣的东西。其中，对海德格尔的引介和推崇是该编委会引以为豪的地方。因为海德格尔的语言和思想都极其难懂，从知性上非常有挑战性，在一定程度上能够表现出编委会较高的研究水准和知识精英的风格。而且，海德格尔对"技术时代"的批判、对"诗意化"的追求、对人的灵性的强调与他们对西方"技术时代"的体认相一致。因此，该编委会对"走向未来"丛书的科学启蒙看得较低。甘阳指出："对于现当代西方文化的把握必须紧紧抓住这个人类共同面临的中心性大问题即所谓'现代性'的问题，而不在于应用一些'新三论'或'老三论'之类的所谓新方法。"① 现代性问题的引入已经使得编委会站在了一个很前沿的学术起点上，而且表现出不同于"五四"启蒙的特点。但是，他们致力于通过引介西方思想家对近现代西方理性主义文化的反思来思考中国文化今后的走向，这本身出现了追求实现现代化的目标与批判现代性理念的行为之间的内在矛盾。

不仅如此，启蒙哲学中的科学理性与人的觉醒是内在统一的，弘扬科学理性要求人的觉醒，人的觉醒必然意味着科学理性的思考。"文化：中国与世界"丛书编委会在思考人学问题时，将科学与人文割裂开来，将现代性的思考置于脆弱的人性基础之上，而忘记了人首先是"现实的人""社会的人"，人的理性是价值理性与工具理性的统一，以科学技术为主导的物质生产实践制约着社会的理想和人性的追求。此外，被该编委会引入的西方解释学在解释传统时，强调传统与现代处于永恒地流转、不断地融合之中。而该编委会思考现代化，尤其是人的现代化问题时，却认为现代要通过"反传统"来实现，所以，它不能接受社会革命尤其是人的自我革命是一个缓慢转变的过程，这又表现出其学院精英急功近利、不切实际的心理特点，因而并没有产生广泛的社会效应。

相比较而言，中国"文化书院"对科学与人文、传统与现代，中国文化与西方文化均持一种温和的调和态度。李泽厚在科学与人文的关系上，强调人，主要是个体的觉醒和解放，但又承认工具理性创造的历史前提，认为经济的发展是最根本的。在传统与现代的关系上，他认为，传统要不断在现代中实现生长，"传统既然是活的现实存在，而不只是某种表层的思想衣装，它便不是你想扔掉就能扔掉、想保存就能保存的

---

① 甘阳主编：《八十年代文化意识》，上海人民出版社 2006 年版，第 9 页。

身外之物。所以只有从传统中去发现自己、认识自己从而改换自己"①。

经上述分析可以看出，20 世纪 80 年代"新启蒙"的三种哲学观念虽然有着共同的目标诉求，但思考方式并不是同质的，包含着各自的矛盾特殊性以及内在的斗争性。随着 1992 年社会主义市场经济体制改革目标的确立，经济、政治因素在社会结构中凸显出来，文化以及人文的讨论很难孤立地讨论下去，80 年代"新启蒙"最终走向了分化瓦解。

（三）20 世纪 80 年代"新启蒙"哲学的意识形态批判

20 世纪 80 年代"新启蒙"是中国现代化进程中的一个典型文化现象，但是，从其产生的思想成果和实际结果来看，它在当代中国现代化进程中发挥的不是建构功能，而是批判功能，指向批判旧的封建主义的意识形态。关于意识形态批判，哈贝马斯指出：其"自身并不是一种可以与其他理论并列而行的理论，相反，意识形态批判纯粹是对特定理论命题的运用。依靠这些理论命题，意识形态批判对遭到怀疑的理论的真实性提出质疑，为此，它揭示了这些理论的非真实性"②。所以，80 年代"新启蒙"的立场和意义在于借助西学对旧的封建主义进行意识形态批判。法兰克福学派的社会批判理论为我们理解这种意识形态批判意义提供了参照视角。

80 年代"新启蒙"的三种哲学观念在援引西方文化时，对法兰克福学派并没有表现出多大的理论兴趣，甚至持有批判态度。"走向未来"丛书编委会在思考科学理性的边界时，倾向于基于科学主义的波普尔批

---

① 李泽厚：《中国现代思想史论》，东方出版社 1987 年版，第 43 页。
② ［德］哈贝马斯：《现代性的哲学话语》，曹卫东等译，译林出版社 2004 年版，第 134 页。

判理性主义，而非基于人本主义的法兰克福学派工具理性批判。甘阳指出："我们外哲所的这些人是不大注重法兰克福学派的，除了赵越胜搞马尔库塞以外……我们并不大喜欢法兰克福学派。"①即使是赵越胜对马尔库塞的关注，也只是强调了他的守望理想维度，而对批判现实的维度并没有真正予以重视。李泽厚批判法兰克福学派将理论研究、文化批判等同于实践，这种文化领域的否定和造反不过是资本主义工具理性高度发展的解毒剂，并未能找到解决问题的出路。由此可见，法兰克福学派社会批判理论并未真正进入这些启蒙知识分子的视野。然而，在他们之间却客观存在着某种一致性：80年代"新启蒙"与法兰克福学派是在相似的历史背景下，对自身传统进行的文化批判。中西两个思想群体的目标趋同，方式雷同，风格接近。

法兰克福学派社会批判理论是资本主义制度陷入危机时受迫害知识分子进行的一场意识形态批判和自救。20世纪30年代，德国纳粹分子打着社会主义的旗号，实行着"极权主义"一体化统治模式。作为被纳粹驱逐、流亡到美国的法兰克福学派成员出于客观形势与主观体验的原因对纳粹暴政进行了反思。在学派核心人物霍克海默看来，要批判纳粹主义，就不能对资本主义的母体保持沉默。由此，学派延续了马克思对资本主义的批判立场，确立了"跨学科"的研究方法。阿多诺、马尔库塞、弗洛姆等还深入到上层建筑的更高领域和微观层面（包括道德、美学、艺术和心理等）进行批判，以拒绝对现存资本主义文化的任何妥协。所以，哈贝马斯将其看作是"意识形态批判的总体性批判"。佩里·安德森认为，西方马克思主义（包括法兰克福学派）的理论主题不再是经济和政治，"是远离经济基础、位于等级制度最顶端的那些特定

---

① 查建英主编：《八十年代：访谈录》，生活·读书·新知三联书店2006年版，第200页。

的上层建筑层次⋯⋯它注意的焦点是文化"①。

80年代"新启蒙"则是知识分子的一场文化批判和自救。"文革"期间，社会主义事业遭到严重挫折和损失。因此，知识分子在"文革"结束之后，开始对这场灾难进行反思。社会主义制度在中国作为新生事物，是跨越了资本主义发展的历史阶段，在封建主义的基础上建立起来的，对80年代"新启蒙"知识分子来说，要反思社会主义，就不能对其封建主义的母体保持沉默。因此，对传统封建主义意识形态的批判成为其共同指向。不过，三种哲学观念在进行文化批判时所运用的理论资源不同，因而对"文化"地位的凸显方式有所不同。

金观涛强调，应以一种系统论的整体视角来探讨中国封建社会停滞性的难题，他对儒家正统的文化结构予以特别的重视。他认为，中国封建社会政治结构和意识形态的一体化意味着"把意识形态结构的组织能力和政治结构中的组织力量耦合起来，互相沟通从而形成一种超组织力量"②。这种政治和意识形态结构的一体化力量是中国封建社会保持大一统的重要原因，也使得中国封建社会能够获得自我修复和具有超稳定力量。

所以，"走向未来"丛书编委会主张以基于英美经验论的科学精神来批判封建主义意识形态，进而反思"五四"以来中国革命进程中存在的亲缘于欧陆传统的浪漫理想图景、激进革命模式和整体价值诉求，从而确立了封建主义意识形态批判的一种范式。

不同于金观涛在由经济、政治和文化因素构成的社会结构中凸显文

---

① [英]佩里·安德森：《西方马克思主义探讨》，高铦等译，人民出版社1981年版，第97页。

② 金观涛：《在历史的表象背后——对中国封建社会超稳定结构的探索》，四川人民出版社1983年版，第13页。

化的地位，甘阳通过"言技"→"言政"→"言教"的历史发展逻辑来突出文化的地位。他指出："从四五十年代起的'言技'，到七八十年代的'言政'，再到九十年代的'言教'——这就是上世纪的中国知识分子走过的路。值得庆幸的是，今日之情况虽然与上世纪'言技、言政、言教'的路程显示出某种重复之处，但毕竟已是完全不同的了。这是一种更高层次上的回复……上世纪经半世纪之久才走到'言教'，而今日不过五六年即走到了文化问题上来，就已经雄辩地说明了这种时代的不同。"① 因此，在这种新的"言教"时代意识下，甘阳认为，传统文化只有脱胎换骨成现代文化，现代化才算有真正的根基和巩固的基础，否则其他方面的现代化也难以完成。而中国文化要转变为现代形态，就要坚决与孔儒的道德理性主义之学告别，通过张扬人的感性和灵性，重新塑造中国文化的基本精神，所以，"文化：中国与世界"丛书编委会对中国传统文化的批判是致力于大力引介西方的近现代人本主义哲学而思索中国文化的未来出路。

总体而言，与法兰克福学派的目标和路径相一致，20世纪80年代"新启蒙"的三种哲学观念都旨在通过赋予文化以优先权，通过对近现代西方的科学理性、人本主义哲学或者马克思主义等一些特定理论命题的运用，对萦绕在中国人思想中几千年的封建主义神话进行意识形态批判。所以，致力于"现代化"或者"文化现代化"只是参与者和研究者主观上赋予他们自身的同一性标签，意识形态批判才是他们自觉、客观的理论诉求，因为在这个过程中，在借鉴西方理论资源对封建主义文化进行批判外，这三个群体并没有把中国现代化看作一个具有个性的历史过程去认真看待，整体上没有产生建设性的思想成果。

_____

① 甘阳主编：《八十年代文化意识》，上海人民出版社2006年版，第5页。

　　此外，除"走向未来"丛书编委会外，其他两个"文化典型"也表现出与法兰克福学派风格上的一致性。"文化：中国与世界"丛书编委会尽管对法兰克福学派没有多大的好感，但他们的理论风格与法兰克福学派具有潜在的相似性。他们以现代精英的情绪对传统激进地批判，法兰克福学派对文化工业的批判是他们的惯用语言，技术时代、文化工业、大众文化等在他们看来都是贬义词，都是否定性的。

　　虽然客观存在着多重趋同，但是，"第一次启蒙"和"对启蒙的启蒙"、中国和西方是80年代"新启蒙"思想群体与法兰克福学派之间面临的客观时空差。这也意味着80年代"新启蒙"的哲学观念比较于客观现实，在总体上是激进的，表现出水土不服的特征。

　　第一，这场启蒙的几种哲学观念均体现出浓重的西学底色，知识分子借助于西学的拐杖表达对传统的忧思和批判，表现出一种脱离生活、不切实际的心态和行动。

　　第二，由于将观念黏着于西学，而不是现实，启蒙的各个群体和观念之间画地为牢，缺乏共识和包容，甚至表现出彼此轻视的现象和文化精英的情结，价值诉求和理论思考的差异性大于同一性，很难形成有建设性、原创性的现代性哲学话语。

　　第三，正如邓晓芒指出，启蒙需要"言行的某种不一致"[1]，知识分子在社会领域，要对自己的观念保持克制，既要进行自由思考，更要有节制地表达。80年代"新启蒙"三种哲学观念普遍缺乏这种自我克制，他们割裂文化和政治经济之间的联系，力图通过突出文化的地位，超越政治经济话语，以观念的方式解决现实的问题。因此，这场启蒙终究不过是一场知识分子的自救、"茶杯中的风暴"，不可避免地很快走向瓦解。

---

① 邓晓芒：《批判与启蒙》，崇文书局2019年版，第131页。

三、法兰克福学派与当代中国启蒙的分化

80 年代"新启蒙"以其鲜明的"态度同一性"成为当代中国启蒙思想史中的重要篇章，其内含的差异性隐含着启蒙走向分化的因素。尽管在 20 世纪 90 年代初期的"人文精神"讨论中，一些人文知识分子还极力为 80 年代"新启蒙"唱挽歌，但是，这种内在的差异经过社会环境的转换和外部因素的刺激导致了启蒙同一性的彻底瓦解，思想界的分化日益加深，启蒙的同一性一去不复返。

启蒙的瓦解、反思启蒙、重提启蒙以及马克思主义和启蒙的关系构成了当代中国复杂的启蒙问题。法兰克福学派在西方语境中对这些启蒙问题已经进行过富有启发性和建设性的思考。而且，不同于 80 年代的不温不火，在 20 世纪 90 年代，中国对法兰克福学派的接受一再升温，这尤其体现在 1993 年前后对大众文化的批判中，一时间形成了"非常法兰克福"的情景。此后，围绕学界讨论主题的不同，法兰克福学派参与了多个理论热点的论争，并形成了思考当代中国现代性问题的重要理论参照。从宏观的思想背景来看，这主要是因为"90 年代思想论争所关涉的主要论题、知识结构和理论背景，绝大多数都和国外特别是西方的理论与思想密切相关……因此，跨语境的'理论旅行'问题一直会贯穿整个课题研究的始终"①。所以，以法兰克福学派的启蒙哲学为理论参照，对于正确认识启蒙的瓦解以及启蒙在中国的命运有着重要的理论意义。

---

① 许纪霖、罗岗等：《启蒙的自我瓦解：1990 年代以来中国思想文化界重大论争研究》，吉林出版集团有限责任公司 2007 年版，第 2 页。

（一）新启蒙主义"人文精神"的失落

根据康德的启蒙概念，人类要摆脱自己加之于自己的不成熟状态，就需要别人的引导，因为懒惰和怯懦常常使人倾向于处于不成熟的安逸状态。"如果我有一部书能替我有理解，有一位牧师能替我有良心，有一位医生能替我规定食谱，等等；那么我自己就用不着操心了。只要能对我合算，我就无需去思想：自有别人会替我去做这类伤脑筋的事。"①所以，公众要步入成熟了的启蒙状态是异常艰难的。

20 世纪 80 年代，在思想解放运动的推动下，迎来了知识分子的春天。于是，一场以"文化"为主题的新启蒙主义思潮立即席卷了整个知识界。然而，在 20 世纪 90 年代初，伴随着经济和政治成为核心的问题，启蒙在中国开始衰微，这种衰微首先表现在知识分子的一场"自救"中，即 90 年代初期的"人文精神"大讨论。这场讨论是"启蒙精英知识分子'临渊回眸'的一曲哀歌与挽歌，又是启蒙知识分子在新的历史困境中的一次突围的努力"②。

"人文精神"讨论发端于 1993 年夏天的上海文学界。首先是上海的一家文学杂志《上海文学》，从 1993 年 6 月号起，刊发了上海、北京、福州等地大学师生的一组座谈纪要，讨论当时的文化状况。这一年年底，上海的一批人文学者和文学批评家又组织了一次讨论，以《人文精神寻思录》为总题，连续刊发于 1994 年 3 月号至 7 月号的《读书》（北京）杂志上，扼要地表达了他们对当代知识分子精神困境和文化现实的

---

① ［德］伊曼努尔·康德：《道德形而上学基础》，孙少伟译，九州出版社 2007 年版，第 169 页。

② 许纪霖、罗岗等：《启蒙的自我瓦解：1990 年代以来中国思想文化界重大论争研究》，吉林出版集团有限责任公司 2007 年版，第 72 页。

大致看法，开始了"人文精神"的大讨论。这场讨论持续到1995年底，其中参加讨论的文章数目达到三位数①，1996年初两本"人文精神"讨论文选的出版（王晓明编：《人文精神寻思录》；丁东编：《人文精神讨论文选》）标志着这场讨论的结束。

在这场讨论中，形成了对"人文精神"的倡导和批判两种截然对立的观点。在"人文精神"倡导者内部有着大体一致的态度和观点。他们认为，当前中国的文化现实正处于深刻的危机之中，这种危机与当代知识分子和文化人的"精神失据"密切相关，这种状况是近代以来政治、军事、经济和文化等各种合力造成的。知识分子要走出这种失语状态，就应该以重提"人文精神"为开端。所谓"人文精神"，就是"一种关怀人生和世界存在的基本意义，不断培植和发展内心的价值需求，并且努力在生活的各个方面去实践这种需求的精神"②。王晓明认为，尽管倡导"人文精神"的一些意见还过于笼统，但是，从根本上来说，"它其实是知识分子的一次自我清理和自我拯救"③。在此意义上，倡导"人文精神"的知识分子是对80年代"新启蒙"的深深眷恋，尤其与以甘阳等为代表的"文化：中国与世界"丛书编委会的文化情绪内在一致，是知识分子力图重建公共性的一次努力。

然而，在今天看来，"人文精神"倡导者的呼声远远不及其批判者的观点影响深远，这也注定了新启蒙主义"人文精神"的失落。针对"人文精神"的倡导者，批判者提出了不同的反驳意见，其中以王蒙的"文

① 王晓明：《"人文精神"论争与知识分子的认同困境》，见罗岗、倪文尖编：《90年代思想文选》第一卷，广西人民出版社2000年版，第447页。

② 王晓明：《"人文精神"论争与知识分子的认同困境》，见罗岗、倪文尖编：《90年代思想文选》第一卷，广西人民出版社2000年版，第447页。

③ 王晓明：《"人文精神"论争与知识分子的认同困境》，见罗岗、倪文尖编：《90年代思想文选》第一卷，广西人民出版社2000年版，第448页。

化专制主义"和张颐武的"文化冒险主义"的反诘为代表。王蒙指出："当我们强调人文精神是一种'精神'的时候，我们自古以来于今尤烈的重义轻利、安贫乐道、存天理、灭人欲、舍生忘死、把精神与物质直至与肉体的生命对立起来的传统就开始起作用了。"① 王蒙肯定市场经济是寻找人文精神的根本途径，他认为，计划经济的悲剧在于它的伪人文主义，其实质是唯意志论唯精神论的无效性。所以，"人文精神"作为"一个未曾拥有的东西，怎么可能失落呢？"② 而以陈晓明、张颐武等为代表的年轻知识分子力图以后现代主义立场来解构"人文精神"这个启蒙知识者"最后的神话"。张颐武指出："'人文精神'对当下中国文化状况的描述是异常阴郁的。它设计了一个人文精神/世俗文化的二元对立，在这种二元对立中把自身变成了一个超验的神话。"③ 这种"否定今天而走向神学之路，只能导向狂躁的文化冒险，理当引起人们的警惕"④。所以，我们不能拒绝今天，人文精神必须与大众文化和"后现代"理论相一致，才能找到新的可能性。

　　上述"人文精神"讨论的一个关键点在于：对待大众文化的态度。"人文精神"的倡导者立足于80年代"新启蒙"知识分子的精英主义立场，对大众文化持批判的态度，他们认为大众文化肤浅、媚俗、功利，导致中国的文化成了一片"废墟"，其中以王朔作品的"媚俗"和张艺谋电影的"自娱"为典型代表。所以，在这种反感情绪中，"借用法兰克福

---

① 王蒙：《人文精神问题偶感》，见王晓明编：《人文精神寻思录》，文汇出版社1996年版，第107页。

② 王蒙：《人文精神问题偶感》，见王晓明编：《人文精神寻思录》，文汇出版社1996年版，第111页。

③ 张颐武：《人文精神：最后的神话》，见王晓明编：《人文精神寻思录》，文汇出版社1996年版，第141页。

④ 张颐武：《人文精神：一种文化冒险主义》，《光明日报》1995年7月5日。

学派的大众文化(文化工业)批判理论清算大众文化所存在的种种问题，便成为人文知识分子接受法兰克福学派的主要动力，这在 1993 年前后体现得尤其明显"①。因为，"既然要批判大众文化，光用一些情绪化的言辞显然没有多高的品位，也很难底气充盈。为了使批判更加学理化，一些学者开始把目光对准了法兰克福学派，尤其是对准了法兰克福学派中的两位大腕——阿多诺和霍克海默。"②

于是，作为《启蒙辩证法——哲学断片》一个"断片"的"文化工业"部分在这一时期被明显抬高，成为一些文化批评者的理论武器。例如，陶东风(《欲望与沉沦——当代大众文化批判》,《文艺争鸣》1993 年第 6 期)和金元浦(《试论当代的"文化工业"》,《文艺理论研究》1994 年第 2 期)等都大量援引其相关论述以支撑自己的观点。在这种情况下，法兰克福学派谈论"文化工业"理论的"历史语境"被遮蔽了，它仅仅成为中国接受者的一个"能指"。随着整个中国社会的深刻转型，经济、政治和社会问题成为根本性的问题，"所指"的真正出场也将法兰克福学派的"文化工业"这个"能指"推向了边缘。

在"人文精神"讨论的几种话语中，已经出现了知识分子对待启蒙态度的内在分歧，倡导者否定了大众文化的启蒙作用；后现代主义的批判者则力图超越启蒙主义话语，进而否定启蒙主义的普适性；一些稳健的知识分子则站在马克思主义立场上，扬弃西方启蒙话语，强调精神文明对社会主义建设的重要性。在这场争论中，围绕着针对法兰克福学派的不同态度，知识分子内部的分歧更是暴露无遗：一方面是法兰克福学

---

① 赵勇：《法兰克福学派的"理论旅行"——读〈法兰克福学派在中国〉》,《新闻学研究》第 111 期。

② 赵勇：《法兰克福学派的中国之旅——从一篇被人遗忘的"序言"说起》,《书屋》2004 年第 3 期。

派的中国批判者极力贬低其理论价值和在中国的历史效果。他们认为：
"这种理论在中国的'横向移植'的后果便是使正在艰难催生的'现代
制度'更加难产。"① 所以，"将其从西方语境搬弄到中国语境中来，更
应加倍小心，只能取其神髓而决不能用其皮毛。"② 另一方面，法兰克福
学派的中国接受者则强调要正确对待并合理运用法兰克福学派关于政治
批判、社会批判的理论致思，其启蒙反思、现代性批判等理论主题开始
进入知识分子的理论视野。③ 可以说，对法兰克福学派的态度分歧揭开
了当代中国启蒙瓦解的序幕。

（二）知识分子对待启蒙的三种态度

新启蒙主义"人文精神"的失落与知识分子的社会地位变迁直接相
关，而知识分子社会地位的变迁又是整个社会环境变迁的产物，这些社
会变迁主要包括：商品经济的活跃和大众消费社会的兴起对知识分子启
蒙者身份的冲击；现代社会企业和公司的科层制管理等向知识领域的扩
张。这些都使得知识分子的活动空间被逼仄到一个极其狭窄的"专业"
领域内。知识分子"自觉自愿地嵌进一个'专家'时代，知识分子与社
会的关系简化为可评估可量化的专业成就，日益滋长的专业主义和新意
识形态跳起了和谐的双人舞"④。相应地，利益的分化、知识结构的分化
以及价值诉求的变化使得知识分子之间的分歧不再是简单的思想观念的
分歧，知识分子对待启蒙的同一性态度不但瓦解，而且启蒙开始进入自

---

① 雷颐：《今天非常"法兰克福"》，《读书》1997 年第 12 期。

② 徐友渔：《西方马克思主义在中国》，《读书》1998 年第 1 期。

③ 参见曹卫东：《法兰克福学派的历史效果》，《读书》1997 年第 11 期。

④ 许纪霖、罗岗等：《启蒙的自我瓦解：1990 年代以来中国思想文化界重大论争研究》，
吉林出版集团有限责任公司 2007 年版，第 88 页。

我反思阶段。"如果说 80 年代的主题是启蒙的话，那么 90 年代的主题就转为反思启蒙。"① 知识分子在反思启蒙的过程中，结合自身的利益代表、知识结构和目标诉求等分化出了三种对待启蒙的态度。

首先，对西方启蒙主义持拥护态度的一些知识分子坚持在当代中国现代化进程中"继续推进启蒙"。20 世纪 80 年代，在思想解放运动和经济改革的双向导引下，中国逐步构建起了以"市场""效率""生产力"等一整套以经济理性为核心的现代化观念体系，而与此同时，改革开放面临着姓"资"姓"社"的诘难。反映在思想领域，一些启蒙知识分子认为，启蒙理性在中国还远远没有生根发芽，当代中国现代化进程中出现的问题，正是启蒙思想的基本原则没有得到实现的体现。

在 90 年代的思想论争中，持"继续启蒙"观点的知识分子以一些"自由主义"知识分子为典型，以许纪霖、汪丁丁、雷颐、徐友渔、朱学勤等为代表。这些"自由主义"知识分子普遍将中国的现代化希望寄托在中产阶级身上。因此，他们自觉地认为自己是中产阶级的理论代言人。出于其共同的关怀，他们形成了自己的知识场域，"西方政治哲学家伯克、托克维尔、哈耶克、伯林的学说引起了广泛兴趣，填补了以前知识中的空白。对胡适的重新研究和评价，对殷海光的介绍认识，对顾准的发掘和尊崇，形成了正面评价自由主义的氛围"②。他们以西方的自由主义政治哲学为理论背景，突出现代性的自由、民主、市场等基本价值。

其次，对西方现代性的紧张性和冲突性持审慎态度的知识分子在思索当代中国的现代性构建时强调要通过"批判启蒙"来推进当代中国的

---

① 许纪霖、罗岗等：《启蒙的自我瓦解：1990 年代以来中国思想文化界重大论争研究》，吉林出版集团有限责任公司 2007 年版，第 12 页。

② 徐友渔：《自由主义与当代中国》，《开放时代》1999 年第 3 期。

启蒙。这种对现代性的忧思早在 20 世纪 80 年代"新启蒙"主义中就有明显体现。不过，由于当时中国的现代性问题尚未真正暴露，所以，"对现代性的诗意批判"在当时仅仅被看作一种知识分子的文化情绪，并无具体的针对性。

　　然而，从 80 年代末实施的价格双轨制开始到 90 年代市场化势头的快速发展，在推动经济飞速发展的同时，也存在一些弊端，因而，这对每一种社会思潮都提出了新问题。自由主义者认为，出现这些问题的根源不在于市场经济的经济理性逻辑失灵，而在于政治体制改革的滞后，所以，相比较近代以来的激进主义传统，自由主义主张通过借助理性、依法治国等探索一条走出困境的新道路。另一部分知识分子则呼吁要强化自身的批判意识，既反对极左立场对社会主义改革的全盘否定，也批判自由主义者向以个人权利为基础的西方政治理念的全盘照搬，他们以社会底层的代表者自居，批判启蒙的主体理性和工具理性，突出现代性的平等、公正的目标诉求。这些知识分子以汪晖、甘阳、崔之元、韩毓海等为代表。在对现代性进行批判、反思的过程中，西方左派关于资本主义的知识和概念，包括西方马克思主义和新马克思主义的分析框架成为它们的知识架构。他们的目标诉求是建立一个自由与平等兼顾的公正民主社会。这批知识分子被他们的自由主义论争对手冠以"新左派"的符号，而他们将这种命名看作是自由主义者对他们的"咒语"。

　　最后，有少部分知识分子强调对于非西方国家和民族来说，要警惕西方现代性话语的殖民主义，因而，要走出启蒙的话语模式，以张颐武、张法、陈晓明等人为代表。张颐武指出："从'现代性'这一概念的产生过程和发展来看，它是在西方文化中出现的，以西方的启蒙主义的价值观为中心建构的一整套知识/权力话语。对于非西方的社会和民族来说，'现代性'是和殖民化的进程相联系的概念。"① 他们以西方的解构主义、第三世界理论和后殖民主义为知识背景，对西方的启蒙霸权话语进行解构，力图通过对中国的古典性和西方的现代性的双重超越，建立一种"中华性"的话语框架。

由此可见，当代中国知识分子在利益诉求、知识结构和目标诉求等方面都存在深刻的分歧，甚至彼此之间缺乏基本的相互理解，从而导致无法形成有效的沟通、对话机制。这样一种求助于西学、画地为牢的方式很难建构起自己的知识言说方式。这种理论分歧背后是对当代中国社会发展阶段不同的体验、认知和思考。现代化作为一项全人类的诉求，对当代中国来说是不可避免的。西方几百年的现代化历程在中国被压缩在一个极短的时间内，出现各种各样的思潮并不奇怪。然而，对当代中国来说，现代化依旧是一项未完成的事业，尽管现代性充满了矛盾和紧张性，如何走出现代性的困境意识，建构当代中国自己的现代性言说方式仍是理论工作者和知识分子的迫切任务。然而，知识分子的言说一旦出现了不可通约的分歧，启蒙的命运就难以为继。

法兰克福学派的启蒙哲学可以作为将这种不可通约的分歧整合、沟通起来的"理想型"。作为西方左翼思潮的法兰克福学派往往被看作是当代中国"新左派"的知识来源，"新左派"的"现代性批判"可以在法兰克福学派的理论著述中找到渊源。然而，2001年哈贝马斯的访华之旅造成的与"新左派"之间的误会②，将深入理解法兰克福学派的任

---

① 张颐武：《"现代性"的终结——一个无法回避的课题》，见罗岗、倪文尖编：《90年代思想文选》第一卷，广西人民出版社2000年版，第222页。
② 参见［德］苏娜：《本土化视角下的哈贝马斯——从中国政治改革论争看法兰克福学派的影响》，见［德］阿梅龙、［德］狄安涅、刘森林主编：《法兰克福学派在中国》，社会科学文献出版社2011年版，第148页。

务摆在中国的研究者面前。以《启蒙辩证法——哲学断片》的研究为例，在虚无主义蔓延、启蒙思潮衰微的情形下，经由哈贝马斯和福柯中介的《启蒙辩证法——哲学断片》的悲观主义和后现代主义解读模式①开始受到反思，深入挖掘《启蒙辩证法——哲学断片》的"未言之言"，思考霍克海默和阿多诺如何对启蒙未竟的事业的推动成为一部分知识分子思考继续启蒙的理论来源。总之，摘掉各个知识分子群体对待法兰克福学派的有色眼镜，法兰克福学派的新启蒙哲学将批判启蒙、超越启蒙与继续启蒙三种启蒙话语组织在一起，不能突出一种话语而否定另一种话语。

尽管存在深刻的分歧，但是知识分子继续启蒙、批判启蒙与超越启蒙的态度分歧不过是启蒙的核心价值之间的冲突。因为，自由、平等、公正、进步、博爱、解放等启蒙的目标诉求并非是内在和谐的，而是有着内在的冲突，它们不可能同时等价地在一个社会中全部实现。所以，思想界的分歧根本上是以启蒙的某种价值诉求反对另一种价值诉求，从而形成了截然对立的启蒙话语。从本质上看，他们的思想预设仍旧是启蒙主义的立场。

此外，当代中国知识分子的启蒙还面临着一个重要的理论前提，即马克思主义意识形态。撇开 90 年代启蒙彼此之间的分歧来看，他们都是对中国现代化道路的反思，延续着知识分子介入现实的"道统"意识，例如，"中国的后学并不是像西方的那样只是以解构为目的，而是带有明显的启蒙思想传统遗留的建构性，颇为有趣地提出了一个替代现

---

① 　参见方向红：《理性自身的启蒙——阿多诺"祛魅"观重构》，《江苏社会科学》2000年第 4 期；孙玉良：《尼采对〈启蒙辩证法〉的影响》，《社会科学研究》2007 年第 6 期；张光芒：《从"启蒙辩证法"到"欲望辩证法"——20 世纪 90 年代以来中国文学与文化转型的哲学脉络》，《江海学刊》2005 年第 2 期。

代性的方案：所谓从'现代性'到'中华性'①。所以，他们都力图以一种有机方式参与到当代中国现代性的构建之中。但是，他们的这种回应方式是极为无力的，根本上是由于作为一种文化思潮的启蒙主义与作为主导意识形态的马克思主义之间并未建立起有效的沟通，这就导致他们只能以思想观念的方式介入现实，从而表现出与社会现实、群众生活的脱离。

（三）中国化马克思主义与启蒙的关系

由启蒙运动而产生的各种社会思潮是马克思主义产生的重要文化土壤。一方面，从马克思主义产生的19世纪的思想氛围来看，它"一方面继承了启蒙运动的某些成分，同时又处处表现出19世纪的风格和对18世纪启蒙哲学的批评"②。另一方面，马克思主义有三大理论来源：德国古典哲学、英国古典政治经济学和法国空想社会主义。这三大理论来源都表现出与启蒙思想的一脉相承。以康德、黑格尔为代表的德国古典哲学是对法国启蒙运动时代精神的哲学表达。正如恩格斯所说，这是经济落后的德国在哲学上演奏的"第一提琴"；作为英国古典政治经济学的杰出代表，亚当·斯密强调经济自由是实现人类解放的一个重要手段；法国空想社会主义更是直接生活在启蒙思想的沃土中，是力图在现实中将启蒙思想的基本原则得到根本贯彻。布隆纳指出："启蒙运动的两个最重要的政治成果是自由主义和社会主义。"③恩格斯在《反杜林论》

① 许纪霖、罗岗等：《启蒙的自我瓦解：1990年代以来中国思想文化界重大论争研究》，吉林出版集团有限责任公司2007年版，第18页。
② 陈锐：《马克思主义与18世纪的启蒙哲学》，《哲学研究》1999年第6期。
③ ［美］斯蒂芬·埃里克·布隆纳：《重申启蒙——论一种积极参与的政治》，殷杲译，江苏人民出版社2006年版，第5页。

中指出："现代社会主义……就其理论形式来说，它起初表现为 18 世纪法国伟大的启蒙学者们所提出的各种原则的进一步的、据称是更彻底的发展。同任何新的学说一样，它必须首先从已有的思想材料出发，虽然它的根子深深扎在经济的事实中。"①

因此，只有深入理解启蒙思想的精神实质，才能更深刻地把握马克思主义的"解放"立场、整体主义的进步历史观、人的主体性和社会历史的进步性、规律性等内容。然而，对于马克思主义本身而言，真正展现出自身特点的是对启蒙思想的超越。正是经历了从启蒙主义思想到共产主义思想的根本转变，马克思主义才得以确立。所以，要着重从联系中把握二者的差别。马克思提出了批判和超越资本主义的现代性批判和重构维度："将资本主义看作现代性赖以发展的一种特殊的社会形式即'资本主义现代性'。但是，这并不是指现代性就等同于资本主义。在资本主义现代性之外，还可能存在'社会主义现代性'或'共产主义现代性'等其他类型的现代社会形式"②。这种对现代性的现实批判和内在超越是马克思主义对启蒙思想基本原则的彻底发展。

马克思主义和自由主义是 20 世纪以来对中国影响最大的两种西方思潮。19 世纪 90 年代，近代知识分子对现代国家的探索经历了从技术到政治最后到文化的转变，西方的启蒙思潮才作为一种文化思潮开始传入中国。随着 1917 年俄国十月革命一声炮响，马克思主义传入中国，在五四新文化运动中，自由主义与马克思主义共同为反对传统、呼唤启蒙而合作。此时，"个性解放与政治批判携手同行，相互促进，揭开了

---

① 《马克思恩格斯选集》第 3 卷，人民出版社 2012 年版，第 391 页。

② 郗戈：《"新现代性"：马克思现代性理论的建设性维度》，《马克思主义研究》2013 年第 4 期。

中国现代史的新页"①。然而，随着民族救亡局势的危急，一部分先进知识分子选择了马克思主义，并将其作为指导中国革命和国家建设的理论武器。从此，马克思主义成为中国革命的指导思想。

在当代中国，首先要看到马克思主义与启蒙核心精神的根本差别。马克思主义尽管继承了启蒙思想的一些基本原则，但更多的是对它的扬弃。中国特色社会主义继承了马克思对资本主义现代性的批判和重构思想，力图在中国的特殊国情上建立一种不同于资本主义的"新现代性"。这种"新现代性"本身包含着对启蒙思想基本原则的批判和超越。而当代中国的启蒙主义者在思考启蒙问题时，往往忽略了这个矛盾特殊性，因而不能构造一种立足于当代中国国情的启蒙话语体系，甚至因为所借鉴的启蒙理论资源不同，导致启蒙话语之间冲突的形成，从而形成以启蒙反对启蒙的情形。马克思主义，尤其是中国化的马克思主义，不仅为中国的经济发展、现实政治，也为当代的人文社会科学研究打开了新的视野，并产生了许多重要的理论成果。

其次，继续推进启蒙是马克思主义进一步中国化的内在要求。启蒙思想是马克思主义得以产生的重要文化土壤。但是，马克思主义传入中国的历史背景远远不同于马克思主义产生的历史背景。所以，马克思主义一经传入中国，以批判资本主义现代性为主要内容的马克思主义立即被反抗帝国主义侵略的政治救亡所运用，而与之相伴随的启蒙主义却成为知识分子的一股潜流，并成为与马克思主义相论争的社会思潮。甚至在 20 世纪 80 年代初期，一些知识分子试图通过恢复早期马克思主义的人道主义、异化等理论，来挖掘马克思主义内部的启蒙因素，从而将马克思主义拉回到启蒙思想家的行列。不仅如此，由于未彻底受到启蒙思

① 李泽厚:《中国现代思想史论》，东方出版社 1987 年版，第 1 页。

潮的洗礼，即使在一个已经高度现代化了的社会中，中国传统封建主义的一些东西仍然吞噬着人们的心灵。这也启示我们，马克思主义要在中国生根发展，我们还要着重培育一个马克思主义发展的现实文化土壤。

最后，要处理好改革与启蒙的关系。21 世纪以来社会上一度出现了反对改革、否定改革、走回头路的思潮，是否改革、如何改革再次成为争论的焦点，而且改革开放面临着更为复杂的国际、国内环境。在此过程中，我们坚定了"改革不可动摇"的决心，提出"改革过程中出现的问题，只能靠改革来解决"的根本解决办法。然而，从广义上看，改革意味着变更、革新，它是一条唯物主义的基本原理，是具体事物、人和社会生存发展的基本法则。对于当今中国社会来说，重要的不是要不要改革，而是如何改革。改革需要观念的革新和共识的形成，所以，改革意味着进一步解放思想。

共识不是由一方设定的，而是利益主体之间共同认可的产物。在此意义上，法兰克福学派通过重建交往理性的方案对于形成改革共识的意义重大。我们需要在普通民众、知识分子和政策制定者之间形成一个良性的互动模式，以交往理性为基础，建立一个有效的沟通机制，从而充分调动民众的参与意识和主体意识，知识分子的批判意识和理论洞察力，政策制定者的宗旨意识和公共意识，其中观念的革新与共识的形成能够得到兼容。当前信息时代的来临为这种沟通机制的形成提供了媒介。印刷技术曾经改变了教会的统治地位，促进了新教的形成，也促进了启蒙思想的传播；而网络时代的到来，则为启蒙搭好了平台。因此，探讨科学技术在当今社会生活中的作用，是思考当代中国现代性问题的重要内容。

第 四 章

法兰克福学派与当代中国的科学

　　现代性的生成和现代性问题的出现都与科学技术密切相关。科学技术与理性主义、主体性、启蒙、民主等现代性的核心范畴密切关联，不能割裂开来。作为资本主义现代性的激烈批判者，马克思充分肯定了以机器发明等为代表的科学技术在资本主义现代性确立过程中的重要地位。"火药、指南针、印刷术——这是预告资产阶级社会到来的三大发明。火药把骑士阶层炸得粉碎，指南针打开了世界市场并建立了殖民地，而印刷术则变成新教的工具，总的来说变成科学复兴的手段，变成对精神发展创造必要前提的最强大的杠杆。"① 不过，马克思认为，不能脱离开资本的力量而孤立考察资本主义生产条件下的科学技术问题，因为，正是在资本主义制度下，科学因素第一次被有意识地和广泛地加以发展、应用，并体现在生活中，其规模是以往的时代根本想象不到的。"这只是通过使劳动从属于资本，只是通过压制工人本身的智力和专业的发展来实现的。"② 所以，"科学成为与劳动相对立的、服务于资本的独立力量，一般说来属于生产条件成为与劳动相对立的独立力量这一范畴。

---

① 《马克思恩格斯文集》第 8 卷，人民出版社 2009 年版，第 338 页。
② 《马克思恩格斯文集》第 8 卷，人民出版社 2009 年版，第 363 页。

并且正是科学的这种分离和独立（最初只是对资本有利），同时成为发展科学和知识的潜力的条件"①。所以，马克思没有单纯地批判科学技术，而是力图通过资本批判的逻辑对资本主义现代性进行诊断和超越。

然而，进入 20 世纪初期，伴随着资本主义的最新发展及其暴露出来的尖锐问题，资本主义现代性的反思批判者开始深入资本主义的文化本身来对资本主义现代性问题进行诊断。与此同时，对科学技术的深入反思也成为西方马克思主义者批判资本主义现代性的重要内容。在西方马克思主义的诸多流派之中，法兰克福学派更是以对技术理性为核心的工具理性批判为其鲜明的理论特色。他们将马克思主义关于科学技术的革命作用、科学技术运作的资本逻辑批判的理论思考转化为科学技术意识形态功能的思考。于是，马克思主义把对资本主义现代性的资本批判转化为对科学技术的批判。那么，这种批判维度转换的原因是什么？具体内容又如何？这种转换对于马克思主义发展的意义又有哪些？这些都是值得深思的问题。

科学技术问题不仅局限于资本主义制度框架内。"当代科学技术的发展，造成了社会生产力迅猛发展的同时，同时又为资本主义社会带来了许多新的问题。这些问题涉及教育、就业、通讯、产业结构，以至资源、生态和环境保护等等。社会主义社会同样也不能不面对这些问题……毫无疑问，马克思主义要发展就必须面对这些问题。"②科学与技术，以及科学化的技术的价值合理性与经济和社会发展状况的关系密切相关。如何充分发挥社会主义制度的优越性，将社会主义现代化建设与科学技术发展的潮流更好地结合起来，就成为中国现代性哲学构建中一

---

① 《马克思恩格斯文集》第 8 卷，人民出版社 2009 年版，第 366 页。

② 胡绳：《马克思主义与改革开放》，中国社会科学出版社 2000 年版，第 135 页。

个重要的课题。

一、法兰克福学派的技术理性批判思想

对启蒙的反思和重新开启是法兰克福学派核心成员的根本问题意识，他们在理性分化基础上，通过对工具理性总体化的批判，从而对启蒙理性进行反思和重建。在对工具理性进行批判的过程中，法兰克福学派批判理论家不约而同地将矛头指向了科学技术。他们认为，启蒙理性工具化的主要表现在于科学技术已经成为现代资产阶级最为隐蔽和成功的意识形态，于是，对工具理性的批判集中于对科学技术的批判。霍克海默、阿多诺、马尔库塞和哈贝马斯等从不同角度对科学技术及其所发挥的意识形态功能进行了细致入微的分析。因此，在探讨法兰克福学派的科学技术思想时，应将宏观研究与个案研究结合起来，既深入领会其"作为意识形态的科学技术"这个理论主题，同时又进行细致的学理研究，看他们如何从不同角度入手考察科学技术所发挥的意识形态功能，还要认真把握他们对科学、技术、二者关系的界定以及对科学技术观的重新构思。

只有如此，我们才能对下列问题进行回答：秉承马克思主义批判精神的法兰克福学派对科学技术的理解与马克思的科学技术观有哪些联系和区别？在对资本主义的批判方面，技术理性批判与资本批判有何关系？如何看待这种转变？在此意义上，我们才能具体探讨法兰克福学派的工具理性批判思想对当代中国现代性构建的启示及有效边界。

（一）作为"意识形态"的科学技术

法兰克福学派批判理论家普遍认为，在晚期资本主义社会，科学技术所发挥的社会功能已经从生产力领域渗透到上层建筑领域，形成了支配人的世界观的技术理性。根据恩格斯关于上层建筑的相对独立性思想，技术理性是一个历史性概念，它是人类理性发展、分化的一种形式。从现代意义上讲，它是围绕着科学技术实践所形成的一种目的合理性行为原则，伴随着这种行为原则权威的确立，它还体现为一整套为社会成员所普遍接受的思维方式和价值观念。作为一个历史性概念，我们应从技术理性与价值理性、科学理性与技术理性以及技术理性与科学技术三个关系层面来把握技术理性概念的形成。

　　一般认为，促使理性概念发生第一次重大转变发生在康德身上。霍克海默和阿多诺在《启蒙辩证法——哲学断片》一书中指出："康德的概念是含混不清的。理性作为超越于个体之上的先验自我，包含了人类社会共同生活的自由观念。……但与此同时，理性也构成了计算思维的审判法庭，计算思维通过把世界当作自我持存的目的，并且为了征服物质世界，它从单纯的感性材料中确认了课题的筹划功能。"①W．威尔士指出：在康德哲学中，"理性不再为认知提供第一原理。它只能提供一个整体性的视角，促使我们不要满足于片面，争取对事物有全面的理解。这样，第一原理就变成是由合理性（Verstand，通译为"知性"——译者注）给出的了，其中包含我们的大部分基本概念、范畴和为我们的全部经验建立的公理，即基本命题。因此，合理性已经变得比理性更有力量。"②由此可见，在康德哲学中，理性分化的思想已经初步形成。经过韦伯的规范化，两种不同的理性概念基本上确立为工具理性与价值理性或形式理性与实质理性。法兰克福学派进一步将其概括为主观理性与

---

① ［德］马克斯·霍克海默、西奥多·阿多诺：《启蒙辩证法——哲学断片》，渠敬东、曹卫东译，上海人民出版社 2003 年版，第 92 页。

② W．威尔士：《理性：传统和当代》，张敦敏译，《哲学译丛》2000 年第 4 期。

客观理性、技术理性与价值理性或者工具理性与交往理性。在这种理性分化的意义上，技术理性属于工具理性范畴家族的一员，与价值理性相区别。

技术理性作为一个历史性范畴，还建立在科学与技术密切结合的基础之上。在西方历史中，科学与技术最开始是分开的。"今日之公众把科学和技术的紧密联系看作是不言而喻的，然而在历史上它们却是沿着独立的路径发展的。在 17 世纪初有少数人认识到科学和技术两者可能并应该合作，到 18 世纪才付诸实践。此前相当长的历史时期中，科学对其成果的实际应用漠不关心，技术在没有科学帮助的情况下发展，而且当技术能够从科学得到助力时却不止一次地嘲笑了科学。"[1]哈贝马斯也指出："科学和技术的相互依赖关系，直到十九世纪后期仍不存在。直到那时为止，现代科学还没有起到加速技术发展的作用，自然也就没有对来自下面的合理化压力作出贡献。"[2]科学理性一般被认为与科学精神相等同，贯穿于科学发展的始终，它与人们解放的旨趣相一致，一直以来被人们所认同。技术理性则是"一种把自然设计成控制和组织的潜在工具及材料的技术先验性，现代技术正是在这种技术先验性下发展起来的"[3]。对于近代西方的人文主义者来说，技术理性是贬义的，它发挥着为现实辩护的作用，马尔库塞指出："技术的合理性已经变成政治的合理性。"[4]

技术理性形成于科学与技术的密切联系，但是却不等同于科学技

---

① 中国科学院自然科学史研究所编：《科技发展的历史借鉴与成功启示》，科学出版社 1998 年版，第 9 页。

② [德] 哈贝马斯：《作为"意识形态"的技术与科学》，李黎、郭官义译，学林出版社 1999 年版，第 57 页。

③ 高亮华：《技术理性问题探讨》，《哲学研究》1993 年第 2 期。

④ [美] 赫伯特·马尔库塞：《单向度的人——发达工业社会意识形态研究》，刘继译，上海译文出版社 2008 年版，第 7 页。

术。科学技术作为物质生产力的主要表现形式之一，主要是作为"科学—技术—生产"系统中的要素而发挥作用，也被理解为"第一生产力"。而技术理性则是科学化的技术作用于人的理智、心灵和社会生活的表现，在此意义上，它主要是作为"理性—世界观"系统中的要素，被看作具有意义和价值的范畴，因而被一些思想家看作是社会"意识形态"的一部分。所以，作为"第一位的生产力"的科学技术与作为"意识形态"的科学技术并不矛盾，前者指作为物质力量的科学技术本身，后者则指经过文化中介的科学技术，即技术理性。

法兰克福学派认为，在晚期资本主义社会，科学技术作为一种革新的力量已经成为资产阶级意识形态的一种必要形式。这是法兰克福学派思想家将科学技术作为"理性—世界观"系统中的要素来看待的结果。这首先与他们对晚期资本主义的时代判断密切相关。学派中的政治经济学家波洛克通过"国家资本主义"理论对资本主义最新情况的分析是法兰克福学派思想家得出上述论断的基础。在波洛克看来，"国家资本主义是一个与私人资本主义即自由资本主义相对应的概念，主要是指一定的政治因素（如国家）在经济过程中发挥作用，克服经济或市场的自发状态，协调、组织经济进程，以期获得稳定社会结构的效果。"① 哈贝马斯在此基础上进一步指出："自十九世纪的后二十五年以来，在先进的资本主义国家中出现了两种引人注目的发展趋势：第一，国家干预活动增加了，国家的这种干预活动必须保障〔资本主义〕制度的稳定性；第二，〔科学〕研究和技术之间的相互依赖关系日益密切，这种相互依赖关系使得科学成了第一位的生产力。"②

---

① 转引自柴方国：《波洛克与法兰克福学派》，《马克思主义与现实》1995年第1期。

② 〔德〕哈贝马斯：《作为"意识形态"的技术与科学》，李黎、郭官义译，学林出版社1999年版，第58页。

在资本主义最新条件下，科学从传统哲学中意识形式的智能因素一跃而成为第一位的生产力，这必然导致传统社会和自由资本主义"合理性"的全新变革。"自从资本主义的生产方式使〔它的〕经济制度具备了一种尽管不是没有危机、但从长远观点看却能使劳动生产率持续增长的有机规律之后，新的技术和新的战略的实行，一句话，革新本身就制度化了。"①于是，资本主义现代性固有的自发流变性质②，变成资本主义自觉稳定自身社会结构的制度性，资本主义这种"社会形式则被看作是以一种恒常不变型态运作的机制"③。

科学技术作为一种革命力量，也被资本主义制度框架所同化，这体现了资本主义制度框架的"优越性"：韦伯所阐明的资本主义社会的不断"合理化"或"理性化"，"服从于合理决断标准的那些社会领域的扩大"④，不仅包括社会劳动的工业化、生活方式的城市化、交通和交往的技术化等，还包括指明行为导向的世界观的世俗化和"非神明化"。总之，合理化以同一性逻辑成为生活世界的总体性。社会的不断"合理化"与科学技术的理性化密切联系在一起，即科学技术从物质形态渗透转化

① ［德］哈贝马斯：《作为"意识形态"的技术与科学》，李黎、郭官义译，学林出版社1999年版，第53页。
② 马克思对资本主义现代性的流变性质给予了深刻洞察和精彩论述："资产阶级除非对生产工具，从而对生产关系，从而对全部社会关系不断地进行革命，否则就不能生存下去。……生产的不断变革，一切社会状况不停的动荡，永远的不安定和变动，这就是资产阶级时代不同于过去一切时代的地方。一切固定的僵化的关系以及与之相适应的素被尊崇的观念和见解都被消除了，一切新形成的关系等不到固定下来就陈旧了。一切等级的和固定的东西都烟消云散了，一切神圣的东西都被亵渎了。"参见《马克思恩格斯选集》第1卷，人民出版社2012年版，第403页。
③ ［德］马克斯·霍克海默：《批判理论》，李小兵等译，重庆出版社1989年版，第3页。
④ ［德］哈贝马斯：《作为"意识形态"的技术与科学》，李黎、郭官义译，学林出版社1999年版，第38页。

为制度形态和观念形态，即技术理性。技术理性对于资本主义巩固新的合法性地位功不可没。它一方面对于世界的传统教义解释进行批判；另一方面使得事实上的权力关系不受到分析，并且不被公众所意识到，因而成为一种新的"意识形态"。对于法兰克福学派的批判理论家来说，这是社会合理性增长走向对立面的体现。

因为，对他们来说，意识形态是一种肯定性的虚假意识。自从1796年法国学者特拉西提出意识形态概念以来，人们围绕着这一概念形成了四种不同的看法：观念的学说、虚假意识、描述性概念、总体性概念。① 法兰克福学派批判理论家继承了马克思关于意识形态的学说，对于马克思而言，意识形态是"统治阶级的思想"，是占统治地位的阶级的精神力量，因而发挥着维护社会统治的功能，具有虚假性、欺骗性和独断性。批判理论家们沿袭了这种看法，霍克海默指出："任何一种掩盖社会真实性的人类行为方式，即便是建立在相互争执的基础上，皆为意识形态的东西。……只有当人与人之间的关系的发展程度和利益之间的冲突紧张程度已达到即使芸芸众生也能透过现象而洞悉真正发生的事情时，完整意义上的有意识的意识形态构制才会露面。"② 哈贝马斯也指出："毫无疑问，无论是新的意识形态，还是旧的意识形态，都是用来阻挠人们议论社会基本问题的。"③ 技术理性在晚期资本主义社会表现为仅仅将自身看作是自然理性的真正家园，从而阻碍它发现社会危机的真正原因，所以，它也沦为"意识形态"的东西。

---

① 参见王凤才：《科学技术作为意识形态——哈贝马斯科技意识形态论》，《山东科技大学学报（社会科学版）》2004 年第 4 期。

② [德] 马克斯·霍克海默：《批判理论》，李小兵等译，重庆出版社 1989 年版，第 5 页。

③ [德] 哈贝马斯：《作为"意识形态"的技术与科学》，李黎、郭官义译，学林出版社 1999 年版，第 70 页。

不过，技术理性这种意识形态不同于资产阶级的任何意识形态，因为它通过对传统社会的意识形态进行批判而获得统治的合法性，主要表现为剥夺了传统的神话、宗教或形而上学的合法性，使得合法性的传统形式瓦解。同时，相比传统意识形态，技术理性维护社会统治的手段更为隐蔽、机制更为复杂、控制更为严厉。关于晚期资本主义科学技术意识形态功能的具体运作，法兰克福学派批判理论家从自己所关切的不同角度进行了分析。

（二）科学技术意识形态功能的具体运作

在晚期资本主义社会，科学技术作为一种革新的力量已经成为资产阶级意识形态的一种必要形式，这是法兰克福学派批判理论家的理论共识。其中，对实证主义的尖锐批判是技术理性批判思想的共同旨趣。但是，在基本观点一致的背后，其代表人物对这一问题的分析角度和程度却不尽相同。

霍克海默在《科学及其危机札记》一书中最早揭示出晚期资本主义社会中科学技术沦为意识形态的东西。不过，他侧重于通过从哲学角度论证科学的形而上学性来揭示其意识形态性。他指出，在资本主义面临的普遍危机中，科学拒绝以适当方式处理与社会进程相联系的问题，科学的方法旨在解决的是存在问题而不是变动问题，结果便导致一种内容和方法上的肤浅性，"伴随科学视野的如是萎缩而出现的事实是：一套暧昧的、僵固的、拜物的概念遂能够一直发挥作用"[①]。由此可见，科学作为自然理性的真正家园，在对形而上学进行攻击的过程中，并没有消除形而上学，而是与形而上学一道成为资产阶级的意识形态。

---

① [德] 马克斯·霍克海默：《批判理论》，李小兵等译，重庆出版社 1989 年版，第 4 页。

这是从康德以来，经过卢卡奇，最后被法兰克福学派进一步加以阐明、发挥的内容。所以，黑格尔的否定辩证法是早期西方马克思主义力图摆脱资产阶级思想形而上学性的方法诉求。而且，霍克海默对科学的批判一直没有忘却一个基本的观点：普遍的社会危机是导致科学成为发挥意识形态功能的根源。所以，在霍克海默的理论视野中，科学不过是包括形而上学、道德等范畴在内的资产阶级意识形态体系的一个必要组成部分，而不具备独断性。

阿多诺则突出了技术理性的支配地位，对科学技术意识形态功能具体运作的分析更为细致入微。他着力揭示了科学技术支撑的发达文化工业[1]对人的欺骗和奴役，这一点在电影和广播中表现得十分清楚。关于技术理性的支配地位，他指出："技术合理性已经变成了支配合理性本身，具有了社会异化于自身的强制本性。"[2]技术合理性通过文化工业的总体性来实现意识形态的统治，这种统治通过去除社会劳动和社会系统这两种逻辑之间的区别，实现了标准化和大众生产。所以，在文化工业中，启蒙表现为对制作和传播的效果和技术的算计，意识形态表现为将世界本身当成对象，利用人们对事实的崇拜，从而形成对控制技术的

---

[1] 文化工业（culture industry）这个术语是霍克海默和阿多诺在 1945 年出版的《启蒙辩证法——哲学断片》一书的断片"文化工业：作为大众欺骗的启蒙"中首次提出的，意指文化在现代发达工业社会中的生产完全是类似于工业生产流程的方式方法进行生产，具有标准化、商品化和非大众化等特点。所以，阿多诺指出：在晚期资本主义社会，"当人们谈论文化的时候，恰恰是在与文化作对。文化已经变成了一种很普遍的说法，已经被带进了行政领域，具有了图式化、索引和分类的涵义。很明显，这也是一种工业化，结果，依据这种文化观念，文化已经变成了归类活动"。参见 [德] 马克斯·霍克海默、西奥多·阿多诺：《启蒙辩证法——哲学断片》，渠敬东、曹卫东译，上海人民出版社 2003 年版，第 146 页。

[2] [德] 马克斯·霍克海默、西奥多·阿多诺：《启蒙辩证法——哲学断片》，渠敬东、曹卫东译，上海人民出版社 2003 年版，第 135—136 页。

权力的偶像化崇拜。

就具体形式的文化工业技术而言，广播看起来是完全民主的，它貌似使所有的参与者都变为听众，但是，它却使所有听众都被迫去收听几乎完全雷同的节目，而且通过深层的心理学机制，对听众的自发性进行控制。电影通过对经验客体的高超复制技术，使得人们以为外部世界就是银幕上所呈现的世界那样，尤其是有声电影的诞生，使得参与者需要借助反应迅速的观察和经验才能全面欣赏它，从而使得参与者自动地作出制片人所期待的反应，而不具备任何想象力和思考的力量。爵士乐更是受到了阿多诺的激烈批判，他认为："爵士乐表面上的即兴演奏是以固定的机械性律动为框架的，它的统一化的切分音节奏、滑音颤音正是腐朽性的表现。通过这种机械性将技术统治下的劳动异化带到'闲暇'的'娱乐'中来，文化工业参与了消灭个体性的过程，它在'满足'人的同时实际上是使人痴呆化了。"①总之，在阿多诺看来，所有这些文化工业的传媒形式都是技术理性获得支配性的表现，是资本变为绝对的主人的权力统治机制。而且，在阿多诺的理论逻辑中，发达的文化工业与野蛮的法西斯主义都是启蒙理性倒退为意识形态的表现，对文化工业的批判是阿多诺对法西斯极权主义批判的合理延伸。这种关于极权主义的最新理解，尤其是对发达资本主义社会技术理性的批判被马尔库塞认同并进一步发挥。

马尔库塞认为，在发达工业社会中，社会组织正在使越来越多的人生活得更加舒适，并扩大了人对自然的控制。社会的政治需要变成个人的需要和愿望，它们的满足刺激着商业和公共福利事业，这些似乎都是

---

① 转引自杨小滨：《否定的美学——法兰克福学派的文艺理论和文化批评》，上海三联书店1999年版，第122页。

理性的具体体现。然而，人们在欢欣享受着这种技术带来的舒适生活时，忽视了这个社会总体上还是非理性的，这个社会对个人的统治范围和力量要比以往大得多。社会开始使用技术等非政治手段去恐怖、震慑那些离心的社会力量，这都证明了一种对立面的一体化，这种一体化既是发达工业社会的结果，又是其取得成就的前提。这种技术的进步于是产生了一种新型的舒舒服服的非政治压迫的极权主义，发达工业社会中的政治、思想、文化，乃至管理、语言都落入极权主义的控制范围。在马尔库塞看来，与社会离得最远的领域，能够最清楚地表明思想被社会征服的程度。所以，在《单向度的人——发达工业社会意识形态研究》中，马尔库塞主要通过对形式逻辑和日常语言分析的批判来剖析技术理性的统治逻辑。

在马尔库塞看来，形式逻辑将特殊的、不可计算的、主观的思想向度还原为普遍的、可计算的、客观的思想向度，使思想的要素得以科学的组织。于是，虽然最终产生了两种不同的统治方式：前技术和技术的统治方式——就像奴隶不同于自由工资劳动者，异教不同于基督教，城邦不同于国家，屠杀被攻陷城池中平民的刽子手不同于纳粹集中营。但是，不变的本质是，历史依然是统治的历史，思维的逻辑依然是统治的逻辑。当代数理逻辑和符号逻辑是形式逻辑在通往科学思维漫长道路上的最新阶段，它们根本上都表现了同样的思维方式。

与此同时，语言在两个方面成为技术合理性控制的工具。一方面是操作主义或行为主义的语言概念，即通过把事物的名称视为同时是对它们的作用方式的表示，从而将事物与其自身的功能相等同。这种功能化的、省略的、统一的语言形式封闭了事物的意义，把事物的其他存在方式排除在外，将言语的运动方向看作是同义词和同义语反复，而不是朝着质的差异的方向运动，从而删除那些异质的东西，压抑了语言中的具体性，成为一种单向度的语言形式。以新实证主义为代表的日常语言分析学派为例，马尔库塞认为，像维特根斯坦的"我的扫帚在角落里"之类的日常语言分析，在精确性和清晰性方面，它也许是无与伦比的，是正确的，但这是它的全部东西。这种把语言降低为普通的日常语言的做法，将思考限制在语言的普通用法之内，而不能要求和追寻那些超出已存在东西范围的解释。总之，在马尔库塞看来，受技术理性控制的实证主义已经完全成为资产阶级社会意识形态的东西，发挥着肯定性的社会功能。

哈贝马斯认为，马尔库塞关于技术理性极权主义性质的分析掩盖了解决问题的困难："假如说马尔库塞的社会分析所依据的那种现象，即技术和统治——合理性和压迫——的特有的融合，只能这样来说明，即在科学和技术的物质的先验论中（in materielen apriori）潜藏着一种由阶级利益和历史状况所决定的世界设计……那么，离开了科学和技术本身的革命化来谈论解放，似乎是不可思议的。"①淡化了科学和技术在解放兴趣上发挥的革命作用，对于解放来说将是一种黯淡的前景。不过，哈贝马斯肯定了马尔库塞分析晚期资本主义社会的这样一种理论出发点，并且在此基础上提出了一种解释模型。他认为："依据制度框架（相互作用）和目的理性活动（广义上的工具的和战略的活动的'劳动'）的子系统之间的相类似的，但又是普遍的关系发展起来的坐标系，更适宜于重建人类历史的社会文化发展阶段（die soziokultuellen schwellen）。"②哈贝马斯正是在这种解释模型下，系统论述了晚期资本主义社会中科学技术所发挥的意识形态功能。

---

① [德] 哈贝马斯：《作为"意识形态"的技术与科学》，李黎、郭官义译，学林出版社1999年版，第43页。

② [德] 哈贝马斯：《作为"意识形态"的技术与科学》，李黎、郭官义译，学林出版社1999年版，第72页。

　　晚期资本主义社会是随着制度框架的"优越性"和"不可侵犯性"的丧失，以及目的理性活动的子系统的合理化过程为标志的。其中，目的—手段—关系的合理性成为批判传统合法性的标准。所以，对于晚期资本主义社会而言，它的生产方式不仅要求提出统治的合法性问题，而且要求解决统治的合法性问题，这种解决就不再是通过自上而下的方式解决的，而是内含于其生产方式本身，自下向上形成的组织原则。而与此同时，自 19 世纪末叶以来，伴随着技术的科学化趋势日益明显，技术和科学成了第一位的生产力，甚至成为独立的变数，社会系统的发展似乎就由科技进步的逻辑来决定，晚期资本主义的合法性也需要科学和技术的合理性来维护。于是，"第一位的生产力——国家掌管着的科技进步本身——已经成了〔统治的〕合法性的基础。〔而统治的〕这种新的合法性形式，显然已经丧失了意识形态的旧形态"①。

　　作为意识形态的科学和技术同以往的一切意识形态相比：一方面是"意识形态性较少"，因为它以客观性的逻辑消除了那种看不见的迷惑人的力量；另一方面是"意识形态功能较强"，因为它更加难以抗拒，范围更加广泛，不仅为统治利益做辩解，而且还压制对立的一方的解放需求，所以，它具有普遍性。总之，这种新的意识形态与旧的意识形态的区别就在于："新的意识形态把辩护的标准与共同生活的组织加以分离，即同相互作用的规范的规则加以分离；从这种意义上说，是把辩护的标准非政治化，代之而来的是把辩护的标准同目的理性活动的子系统的功能紧紧地联系在一起。"②"反映在技术统治意识中的，不是道德联系的

① ［德］哈贝马斯：《作为"意识形态"的技术与科学》，李黎、郭官义译，学林出版社1999 年版，第 69 页。
② ［德］哈贝马斯：《作为"意识形态"的技术与科学》，李黎、郭官义译，学林出版社1999 年版，第 70 页。

颠倒和解体（diremption），而是作为生活联系的范畴——全部'道德'的排除。"①

　　法兰克福学派的批判理论家从不同角度对科学技术的意识形态功能进行了深刻分析。不仅如此，就如何跳出这种控制逻辑，他们也提出了不同的理论设想。从根本上，他们继承了马克思的批判逻辑，即迄今为止的一切历史的基本关系应该被扬弃，人类的自我形成应该实现。所以，要转换那种制度框架与目的理性活动之间不协调的被动适应状况，"把使用意志和意识去创造历史的问题视作从实践上掌握迄今为止未被控制的社会发展进程的任务"②，就要揭示这种资产阶级意识形态对这种不协调状态的掩盖。因此，对科学技术意识形态化的批判是批判理论家肩负的任务。这种批判与马克思的资本批判关系如何？如何理解和评判这种转化也是探讨法兰克福学派技术理性批判思想的内在要求。

（三）技术理性批判与资本批判的关系

　　技术理性批判是法兰克福学派思想家对晚期资本主义批判的核心内容。他们继承了马克思的批判意识，从资本主义发展新阶段入手，力图重新建构资本主义批判的新话语，从而唤醒"非政治化的群众"的参与和解放意识。在此意义上，法兰克福学派批判理论家认为，他们的技术理性批判是对马克思的资本批判思想的最新发展。

　　在马克思看来，"无论在现实中或在头脑中，主体——这里是现代资产阶级社会——都是既定的；因而范畴表现这个一定社会即这个主体

----

① [德]哈贝马斯：《作为"意识形态"的技术与科学》，李黎、郭官义译，学林出版社1999年版，第70页。
② [德]哈贝马斯：《作为"意识形态"的技术与科学》，李黎、郭官义译，学林出版社1999年版，第74页。

的存在形式、存在规定、常常只是个别的侧面……在一切社会形式中都有一种一定的生产决定其他一切生产的地位和影响，因而它的关系也决定其他一切关系的地位和影响。这是一种普照的光，它掩盖了一切其他色彩，改变着它们的特点。这是一种特殊的以太，它决定着它里面显露出来的一切存在的比重。"① 在资产阶级社会这个主体中，"资本是资产阶级社会的支配一切的经济权力"②。所以，对资本的批判就是对资产阶级社会最彻底的批判。

正是基于在《资本论》中马克思对资本主义生产方式以及和它相适应的生产关系和交换关系的深刻批判，恩格斯指出了马克思的资本批判和大陆上的无产阶级运动之间的内在关联："《资本论》在大陆上常常被称为'工人阶级的圣经'。任何一个熟悉工人运动的人都不会否认：本书所作的结论日益成为伟大的工人阶级运动的基本原则……各地的工人阶级都越来越把这些结论看成是对自己的状况和自己的期望所作的最真切的表述。"③ 从当时的实际情况来看，恩格斯的《一八七七年的欧洲工人》与马克思、恩格斯的《致斯拉夫人在伦敦举行的巴黎公社纪念大会主席》中都描述了资本主义经济危机状态下工人运动蓬勃发展的状况。列宁在《卡尔·马克思》一文中也指出："第一国际完成了自己的历史使命，随之而来的是世界各国工人运动空前大发展的时代，即工人运动向广度发展，以各个民族国家为基地建立群众性的社会主义工人政党的时代。"④

然而，时过境迁，进入 20 世纪初期，法兰克福学派批判理论家认为，马克思根据自由资本主义社会提出的政治经济学批判的重要条件消

---

① 《马克思恩格斯全集》第 46 卷（上），人民出版社 1979 年版，第 44 页。

② 《马克思恩格斯全集》第 46 卷（上），人民出版社 1979 年版，第 45 页。

③ 《马克思恩格斯文集》第 5 卷，人民出版社 2009 年版，第 34 页。

④ 《列宁全集》第 26 卷，人民出版社 2017 年版，第 51 页。

失了。一方面，为了保障资本主义制度的稳定性，国家通过干预对经济发展所作的调整抵御了放任自流的资本主义所产生的功能性失调，所以，资本主义从自由资本主义进入了国家资本主义阶段。另一方面，在这种国家干预过程中，伴随着通往合理化、自动化和官僚化的世界趋势，迫使社会走向一种更加严厉的管理形式中去，反抗本身也被吸收入它希望变革的那种发展进程中去。因此，"不仅资产阶级自由主义被剥夺了它的批判感受力，无产阶级运动也复如是。商品交换的出现以及所有文化形式都被归结为金钱关系，深深地影响了工人阶级和社会主义运动"①。

在上述两种情况下，马克思的学说，尤其是其政治经济学批判已经不能够解释国家的内部发展，也不再能成为指导解放的基本原则，批判理论需要重新确定批判视角，对马克思分析资本主义的解释模型进行重新建构。技术理性批判就是马克思资本批判理论的最新发展，而哈贝马斯立足于韦伯"合理化"理论而建构的"目的理性活动—制度框架"的解释模型是对马克思的"生产力—生产关系"解释模型的重新建构。

哈贝马斯从两个方面论述了技术理性批判对马克思的资本批判的最新发展。

首先，从社会结构方面，伴随着国家对经济发展过程的持续性调整，经济体制同政治体制的关系发生了变化，政治不再仅仅如马克思所说的发挥着"上层建筑"的依赖性功能；社会（主要是市民社会）——作为资本主义生产方式中真正新的东西——与国家之间的关系，也不再是马克思的理论所规定的经济基础和上层建筑的关系。所以，马克思以资本为核心的政治经济学批判，这种将社会的经济活动规律孤立起来的

---

① ［德］马克斯·霍克海默：《批判理论》，李小兵等译，重庆出版社1989年版，第9页。

观察方式，也就失去了批判的效力。现在，随着国家的干预，公平交换的意识形态瓦解，政治要求一种新的合法性。于是，补偿纲领代替了自由交换的意识形态。"这个补偿纲领使统治制度有义务维护整个制度稳定的条件，以及避免不断增长着的危险，而整个制度应当保障社会的安定和个人的晋升机会。"①因此，政治——作为社会的制度框架——本来是由规范组成的，以实践目的为导向，现在却以解决科学为先导的技术问题为导向。所以，在社会结构层面，技术理性已经改变了资本作为支配地位的经济权力。

其次，哈贝马斯认为，根据马克思"普照之光"和"特殊的以太"的分析方法，在晚期资本主义社会中占支配地位的社会生产和决定其他一切生产关系的因素不再是资本，而是科学和技术。虽然在自由资本主义社会中始终存在着通过技术革新来提高劳动生产率的制度上的压力，但是，这些零零星星的发明和创造仍具有自发的性质。而当技术的发展随着现代科学的进步而产生了反馈作用时，情况就彻底发生了改变。随着大规模的工业研究，科学、技术及其应用结成了一个体系，技术和科学便成了第一位的生产力，并变成了一种独立的剩余价值来源。所以，在这种情况下，马克思通过考察直接的生产者的劳动力，即非熟练的简单的劳动力所揭示的剩余价值的来源就不具有多大意义了。在这种情况下，社会系统的发展不再取决于资本的逻辑，而是由科技进步的逻辑来决定。而且，如前所述，政治也越来越服从于功能性需要，以解决技术问题为导向，于是"使社会的一切要素从属于自己，或者把自己还缺乏的器官从社会中创造出来。有机体制在历史上就是这样向总体发展

---

① ［德］哈贝马斯：《作为"意识形态"的技术与科学》，李黎、郭官义译，学林出版社1999年版，第60页。

的"①，科技进步的逻辑也渗透到非政治化的广大群众的意识中，使得资本主义统治的合法性力量得到发展。

总之，哈贝马斯认为，通过上述两个方面的变化，在晚期资本主义社会，科学技术已经取代资本，成为分析和批判晚期资本主义社会的根本因素。

基于法兰克福学派对晚期资本主义批判的技术理性批判视角，学界流传着这样两种观点：一是认为他们过分夸大了科学技术的负面效应和消极作用，因而总体上对科学技术持悲观主义的态度；二是认为他们虽然采取了马克思主义的某些观点、方法，但他们力图否定马克思主义历史唯物主义基本原理的适用性，用对科学技术的批判代替对资本主义制度的批判，所以，其根本立场是非马克思主义的。不过，马克思的资本批判并没有过时，仍然是资本主义现代性批判的最深刻的洞见。上述这两种观点都需要谨慎对待。

首先，法兰克福学派理论家在对以技术理性为代表的工具合理性霸权进行批判时，他们并不否定作为物质力量的科学技术，也不否定资本主义所开创的技术文明和工业文明本身，而是对经过文化中介的技术理性持批判态度。即使是对技术理性持最激烈的批判态度的马尔库塞在讨论历史的替代性选择时也指出："超越性谋划必须与在已有的物质文化和精神文化水平上开展出来的实际可能性相一致。"②此外，进一步的发展意味着从量变到质变的裂变，即技术合理性的应用将达到一个终点和限度，将展现一种本质上新的科学观念。这种从量变到质变的裂变，"又取决于技术基础自身的存在。因为正是这一基础使需要的满足和辛

---

① 《马克思恩格斯全集》第 46 卷（上），人民出版社 1979 年版，第 236 页。
② ［美］赫伯特·马尔库塞：《单向度的人——发达工业社会意识形态研究》，刘继译，上海译文出版社 2008 年版，第 174 页。

劳的减轻成为可能——它也是人类自由各种形式的基础"①。

　　其次,在科学技术成为第一位的生产力的时代背景下,法兰克福学派的技术理性批判有着双重内涵,既针对晚期资本主义统治的合法性逻辑,也针对官僚社会主义的技术统治论。在此意义上,霍克海默认为,关于阶级统治和帝国主义这些咄咄逼人的概念只能适用于资本主义,而不能运用于共产主义的国家,这个论断是不能成立的。马尔库塞也强调要从苏联与西方社会之间的相互作用来考察苏联的马克思主义,苏联的理论和政治反映了西方相应的发展,这种联系"最明显的形式体现在两种制度所共有的技术经济基础(机械化和不断强化的机械化工业)中"②。因此,"苏联马克思主义具有一种'行为科学'(behavioral science)的特征。它的大部分理论见解具有一种实用主义、工具主义的意向;这些见解被用来解释、论证、促进并指导为这些见解提供实际'素材'的某些行动和态度"③。在马克思主义发展的历史上,长期以来,科学技术一直被人们错误地看作是上层建筑或者是社会意识形态。法兰克福学派的理论家清醒地意识到在一国或几国范围内确立的社会主义制度,正在经历着被资本主义的工具理性所卷入的危险。所以,不能武断地认为技术理性批判试图混淆两种不同的社会制度,它依旧是立足于马克思主义的解放立场,对资本主义的统治逻辑所作的最新判断。

　　然而,从根本上看,技术理性批判思想忽略了科学技术借以繁衍自身的经济机制,即资本逻辑的运作,而这是马克思始终予以强调的地

①　[美] 赫伯特·马尔库塞:《单向度的人——发达工业社会意识形态研究》,刘继译,上海译文出版社 2008 年版,第 183 页。

②　[美] 赫伯特·马尔库塞:《苏联的马克思主义——一种批判的分析》,张翼星、万俊人译,中国人民大学出版社 2012 年版,第 5 页。

③　[美] 赫伯特·马尔库塞:《苏联的马克思主义——一种批判的分析》,张翼星、万俊人译,中国人民大学出版社 2012 年版,第 6 页。

方。马克思始终强调不能抛开资本的视角孤立考察资本主义生产条件下的科学技术问题，科学技术被有意识地发展、应用，甚至成为独立于资本的力量，这都是属于生产条件与劳动相分离的范畴，是资本实现自我增殖的表现。所以，技术理性成为统治理性是资本逻辑的产物，是资本在意识形态上表现为抽象理性和主体性的进一步发展。

总之，"科学本身不是发展的原动力，而是被作为资本创造财富的工具来运用的。不是科学操纵资本，而是资本操纵科学"①。在此意义上，技术理性批判是资本批判的逻辑延伸。

二、"科学技术是第一生产力"

如同马克思主义在中国的发展进程一样，科学在中国的传播与发展过程中也经历了一个中国化的过程，形成了具有中国特色的科技概念和科技观。如果说，以弘扬科学精神为口号的科学启蒙是五四新文化运动的一个重要内容，而突出科学技术重要地位的国家政策则是当代中国社会主义现代化建设的重要内容，是富国强民的重要举措。所以，科技问题是当代中国现代性构建的重要内容。这一维度对传统社会主义意识形态具有批判、解构功能，对于社会主体，尤其是知识分子群体具有解放意义。同时，由于被赋予了高度的政治内涵，科学技术及其重要性的观念深入人心、影响深远。然而，科学技术在多大程度上与经济和社会的发展状况联系在一起，从现代性的反思维度来看，由于被赋予了经济意义和政治内涵，以及受中国传统文化实用理性的影响，科学技术从一开

---

① 丰子义：《全球化与资本的双重逻辑》，《北京大学学报（哲学社会科学版）》2009 年第 3 期。

始就走上了工具化、目的合理性的路径，导致其启蒙、解放意义被遮蔽了，而这重维度也是当代中国现代性构建的重要方面，这些问题值得我们认真思考。法兰克福学派的技术理性批判对于当代中国协调科学技术建构和批判的双重功能具有重要意义。这首先要从深入理解"科学技术是第一生产力"这个重要论断的内涵谈起。

（一）"科学技术"概念辨析

"科学技术"作为一个术语出现，是19世纪末期以来的事情，源自科学研究与技术之间相互关系的日益密切，科学的技术化、技术的科学化趋势日益明显。在中国语境中，正式提出并开始普及"科学技术"这一术语则是20世纪中期的事情。而且，经过中国文化的中介和社会现实的影响，"科学技术"在当代中国语境中凝练成"科技"这样一个独具中国特色的词语。"科技"一词并非当代中国人的有意创造，而是一种习惯使然。我们首先应对科学、技术、科学技术、科技这四个概念及其在中国的传播进行分析，进而从历史的角度理解科学技术的理论和实践意义。

一般而言，科学作为观念形态，是人类认识和改造世界的理论概括，其以理论理性为主导，关心世界的知识体系的建构问题，以认识和把握真理为最高目的。科学发源于古希腊时期就确立的对宇宙万物的"为了求知而求知"的知识传统，而与实用无关。根据马克思主义的基本观点，科学同宗教、艺术、哲学等一样，是一种社会意识形式。但是，它又不具有宗教、艺术、哲学等其他社会意识形式所具有的意识形态特征，具有普遍性，可以为不同的社会形态和社会制度所接受。在汉语语境中，科学是一个外来词，19世纪末期来自日本，原意为"分科之学"，具体是指可以分类的各个学科，广义指具有近代科学特性的各门学科，狭义则指自然科学。历史地看，科学一经传入中国就获得了无上的尊严。胡适在1923年为《科学与人生观》作序时指出："这三十年来，有一个名词在国内几乎做到了无上尊严的地位；无论懂与不懂的人，无论守旧和维新的人，都不敢公然地对他表示轻视或戏侮的态度。那个名词就是'科学'。这样几乎全国一致的崇信，究竟有无价值，那是另一问题。我们至少可以说，自从中国讲变法维新以来，没有一个自命为新人物的人敢公然毁谤'科学'的。"①

做到了这个具有无上尊严地位的科学究竟是何种意义上的科学？在五四新文化运动之初，一批知识精英疾呼"赛先生"（Science），主张以科学精神启蒙国民，他们期待通过科学精神的塑造，可以使得中国人的精神面貌焕然一新。在此意义上，从学理层面，梁启超、严复等开始从西方的学术立场出发对中国的传统学术进行重新审视，他们以知与行的关系来诠释学与术、科学与技术，反对将学与术、科学与技术相混淆。后来，在民族危亡之际，思想启蒙与政治救亡合流，科学更多是在救亡图存的层面上被加以理解和运用。于是，科学发生了意义上的转变："成为各种救亡思想的护符，却遗失了其学术本位"②。科学的这种工具维度，在社会主义现代化建设中仍然压过了其所具有的批判启蒙特征。

相对于科学而言，技术则是人类在征服、改造世界的活动中为了完成特定目标所需要的方法、手段和规则的完整系统，它关心人类关于世界的知识如何用于改造世界的过程，它以实用为最终目的。在西方历史中，科学与技术之间有明确的界限，隶属于两个不同的传统。前者源于为求知而求知的学者传统，后者则源于为求实用而创作和制造的工匠传

---

① 胡适：《科学与人生观·序》，见张君劢、丁文江等：《科学与人生观》，山东人民出版社1997年版，第10页。

② 桑兵等：《近代中国的知识与制度转型》，经济科学出版社2013年版，第65页。

统。笛卡尔"我思故我在"的唯理论和培根"知识就是力量"的经验主义分别是上述两种传统的哲学宣言。

不同于科学这个外来词语的复杂内涵，技术在汉语语境中是一个固有的词语。中国古代有许多伟大的发明，这些发明都是以一种经验性的技术形态，而不是知识性的科学形态存在的。例如，火药、造纸术、印刷术和指南针等发明，都是技术性的存在，是人们在长期的生产实践中发明的，而不是在科学理论或原理的基础上发展延伸出来的技术。所以，这些依靠工匠传授的"手艺"与西方的为求实用而创作和制造的工匠传统相类似。从文化心理结构上看，这种重视实用的工艺技术传统与中国文化中的实用理性息息相关。所以，吴大猷指出："一般而言，我们民族的传统，是偏重实用的。我们有发明、有技术，而没有科学。这也是清朝时期我们和西方接触败绩后，很易接受西方物质文明的表面（机械、武备），而不知这些物质文明表面之下，还有科学的基础的原因。"①

总之，科学与技术隶属于两个不同的话语体系，二者的构成要素、具体任务、研究过程、活动特点和表现形式都各不相同。然而，自19世纪末期，尤其是后25年以来，由于资本主义自行调节经济增长的制度化需要，首先在先进资本主义国家中出现了一种明显的趋势：科学与技术的相互依赖关系日益密切，出现了科学的技术化和技术的科学化趋势。现代科学与技术二者互为前提、互为基础。于是，"科学技术"作为一个整体性范畴诞生了，它不是科学与技术两个概念的简单叠加，更多的是反映了二者之间的密切关系，其核心内容则是指"科学性的技术"

---

① 《吴大猷科学哲学文集》编辑组编：《吴大猷科学哲学文集》，社会科学文献出版社1996年版，第283页。

（与经验性的技术相对应），即强调现代科学是现代技术的先导和发源地。"科学技术"这一术语出现在中国语境中则是一个比较晚近的现象，"1956 年我国制定了《1956—1967 年科学技术发展远景规划》，1958 年成立国家科学技术委员会。自此以后，'科学技术'一词逐渐见诸文献和国家领导人的讲话中"①。在社会主义建设的背景下，毛泽东发出"向科学进军"的号召，于是，20 世纪初就已凸显的科学的工具性特征再一次被激活，成为新中国富国强民的手段。

从"科学技术"演变为"科技"又经过了 20 多年的历史积淀。"在邓小平 1975 年以后的讲话中出现的频率开始高起来，以至最终形成了具有中国特色的'科技'一词"②。"科技"既体现了现代科学与技术的密切关系，又具有中国文化中注重凝练的思维习惯和实用理性的心理特征。"由'科学'而'科技'，虽只一字之差，但却映射着 20 世纪中国社会价值诉求的巨大变迁，即由世纪初的新文化运动疾呼'赛先生'以启蒙国民，到世纪末的现代化运动呼唤'科技第一生产力'以富强国家。"③

马克思突出了科学作为"实际的财富"的革命意义。"在马克思看来，科学是一种在历史上起推动作用的、革命的力量。"④所以，马克思主义的"科学"概念在本质上又属于生产力范畴体系，因为生产力本身是社会系统中最活动、最革命的力量。他认为："科学的力量也是不费资本

① 吴海江：《"科技"一词的创用及其对中国科学与技术发展的影响》，《科学技术与辩证法》2006 年第 5 期。
② 吴海江：《"科技"一词的创用及其对中国科学与技术发展的影响》，《科学技术与辩证法》2006 年第 5 期。
③ 吴海江：《"科技"一词的创用及其对中国科学与技术发展的影响》，《科学技术与辩证法》2006 年第 5 期。
④ 《马克思恩格斯选集》第 3 卷，人民出版社 1995 年版，第 777 页。

家分文的另一种生产力"①，"生产力中也包括科学"②。科学作为观念的财富与生产力的因素（实际的财富），二者并不矛盾，因为，后者是"物化的知识力量"。所以，科学本身并不是直接的生产力，它需要进入生产过程，与技术相结合形成物质属性，才能形成生产力。

科学技术作为一种在历史上起推动作用的、革命的力量，曾经解放了中世纪的教会权威和科学本身。恩格斯指出："自然研究用来宣布其独立并且好像是重演了路德焚烧教谕行为的一个革命行为，便是哥白尼那本不朽著作的出版，他用这本书（虽然是怯懦地而且可说是只在临终时）来向自然事物方面的教会权威挑战。"③所以，资产阶级没有科学是不行的，在资本主义生产方式下，科学获得了新的使命：成为生产财富的手段，成为致富的手段。"资本不创造科学，但是它为了生产过程的需要，利用科学，占有科学。"④并且，其规模是以往的时代根本想象不到的。不仅如此，在晚期资本主义社会，科学技术成为"第一位的生产力"，科学技术的不断革新本身已经制度化，发挥着维护资产阶级统治合法性的意识形态。

伴随着现代科学技术的长足发展，及其改造现代社会的强大力量，社会主义没有科学技术也是不行的。在当代中国实现社会主义现代化的历史境遇中，科学技术现代化成为实现社会主义现代化的根本内容，"科教兴国"成为当代中国的经济发展战略之一。"科学技术是第一生产力"论断既继承又发展了马克思主义的科学技术观。

---

① 《马克思恩格斯全集》第 47 卷，人民出版社 1979 年版，第 553 页。
② 《马克思恩格斯全集》第 46 卷（下），人民出版社 1980 年版，第 211 页。
③ 《马克思恩格斯选集》第 4 卷，人民出版社 1995 年版，第 263 页。
④ 《马克思恩格斯文集》第 8 卷，人民出版社 2009 年版，第 357 页。

（二）中西"科学技术是第一生产力"论断辨析

毫无疑问，"科学技术是第一生产力"是马克思主义的基本观点。但是，马克思主义者对这一观点的认识和运用却经历了一个曲折的过程。在马克思主义发展的早期历史上，科学一直被看作是意识形态。例如，布哈林在《历史唯物主义理论——马克思主义社会学通俗教材》中就指出："所谓社会意识形态，我们将理解为思想、感情或准则（规范）的体系。也就是说，这里包括科学的内容（但不包括例如望远镜或是化学实验室内部的人的组织）、艺术的内容、全部习惯或道德规范等等现象。"[①] 由于科学属于上层建筑的意识形态领域，所以，在科学与生产的关系上，布哈林认为，科学是生产力发展的产物，技术和经济条件制约着科学，"只有当生产力的发展为科学观察腾出时间的时候，才出现科学"[②]。在"文化大革命"中，科学是意识形态的观点被"四人帮"发挥到十分荒唐的地步，中国的科学事业受到严重干扰。发挥革命作用的科学或是被当作维护社会主义意识形态的工具，或是被看作资产阶级的意识形态而加以抛弃。

上述这些理论和实践都是对马克思的科学技术观的曲解和背离。

在马克思主义发展史上，西方马克思主义在理论上将马克思科学技术观的内涵首次彰显出来，并取得新的发展。

哈贝马斯在《作为"意识形态"的技术与科学》中指出："当技术的发展随着现代科学的进步产生了反馈作用时，情况就起了变化……于

---

① ［苏］尼·布哈林:《历史唯物主义理论——马克思主义社会学通俗教材》，东方出版社 1988 年版，第 243 页。

② ［苏］尼·布哈林:《历史唯物主义理论——马克思主义社会学通俗教材》，东方出版社 1988 年版，第 184 页。

是，技术和科学便成了第一位的生产力。"① 哈贝马斯的"科学技术是第一生产力"论断可以从两个方面来理解：一方面，在生产力系统中，科学技术成为发挥主导作用的因素，科学技术的进步甚至成为一种独立的变数，也因而成为独立的剩余价值来源，而且科学技术的含义主要是"技术的科学化"，这是晚期资本主义引人注目的发展趋势；另一方面，在社会系统中，由于科学技术作为社会系统的独立的变数及其制度化需要，传统的马克思主义经济基础和上层建筑的二元论结构理论已经失去效力，社会的制度框架和劳动都由科技进步的逻辑来决定，技术合理性成为晚期资本主义合法性的隐性意识形态。

对于哈贝马斯来说，这一论断包含辩护和批判双重维度。从辩护的维度来看，根据这一论断，可以说明资本主义生产关系作为一个功能上合法的制度框架，还有其存在的权利。也就是说，科学技术作为革命的力量同它的辩护标准相比，其革命力量钝化了，科学技术所发挥的作用从生产关系方面来说已经不再是对其进行批判的基础，它本身变成了合法性的基础。哈贝马斯认为，这重维度是韦伯和马尔库塞对资本主义社会"合理性"过程的描绘和解释，但这种描绘和解释的困难在于，科学技术作为生产力在政治上的纯洁性和意识形态之间具有摇摆性，而且其批判的潜力无从得到释放。所以，哈贝马斯强调这一论断的批判维度，即根据这一论断，可以揭露资产阶级的意识形态所掩盖的资本主义的发展动力。随着对资产阶级技术统治论意识形态的批判，资本主义内在的不协调状态才能成为公众的意识，于是，按照技术任务来理解的社会发展进程才能被看作从实践上掌握社会发展进程的任务，只有这样，才能

---

① ［德］哈贝马斯：《作为"意识形态"的技术与科学》，李黎、郭官义译，学林出版社1999年版，第62页。

真正恢复科学技术及生产力所具有的巨大的和具有解放性后果的潜力。在此意义上，哈贝马斯继承了马克思科学技术观的实质内容，即科学技术作为生产力，是一种在历史上起推动作用的、革命的力量。

然而，即便如此，哈贝马斯的这一论断在具体内容上还是遭到了不少批判。其中，批判的矛头都指向"科学技术成为独立的变数"，即认为，"科学技术作为第一生产力"中的"第一"乃"唯一"之意，于是，命题的本质就是科学技术是社会生产力和社会财富的唯一源泉。① 这一批判在国内理论界尤为盛行。暂时抛开批判的理论动机不谈，这种批判是对哈贝马斯思想内容和本质的严重误解。首先，哈贝马斯认为，生产力是一个系统，这一系统由下列因素构成："第一，在生产中进行活动者，即生产者的劳动力；第二，技术上可以使用的知识，即变成了提高生产率的劳动手段——生产技术的知识；第三，组织知识，即有效地运用劳动力，造就劳动力和有效地协调劳动者的分工合作的组织知识（劳动力的动员、造就和组织）。"② 仅此一点而言，对哈贝马斯而言，科学技术并不构成生产力的唯一要素。其次，马克思主义是发展的理论，我们应正视其理论发展所面临的挑战，积极发展马克思主义，而不是谈"变"色变。哈贝马斯指出："当科学技术的进步变成了一种独立的剩余价值来源时，在非熟练的（简单的）劳动力的价值基础上来计算研究和发展方面的资产投资总额，是没有多大意义的；而同这种独立的剩余价值来源相比较，马克思本人在考察中所得出的剩余价值来源，即直接的

① 参见任暟:《哈贝马斯"科学技术是第一生产力"命题的评析》,《哲学动态》1999年第2期;吕国忱、张旋:《国内外马克思主义对"科学技术是第一生产力"两种解读的相关性》,《扬州大学学报（人文社会科学版）》2010年第2期。
② [德] 尤尔根·哈贝马斯:《重建历史唯物主义》(修订版),郭官义译,社会科学文献出版社2013年版,第111页。

生产中的劳动力，就愈来愈不重要了。"①哈贝马斯的这一判断是马克思主义面临的新挑战。如果以此认为哈贝马斯将科学技术夸大为唯一的真理、万能的方法就是教条主义的思想在作怪。20 年之后，这一论断在完全不同的社会背景下找到了知音。相比那些教条主义的懒汉思想，在东方语境中提出的这一论断从真正意义上丰富发展了马克思的科学技术观。

在传统社会主义中，科学由于一直被看作意识形态斗争的武器，因而其作为现代性范畴所蕴含的革命意义和批判维度被遮蔽了。改革开放以来，伴随中国的社会主义现代化建设进入了一个新的时期，如何将中国的发展汇入由资本主义市场开辟的世界现代化的历史潮流之中，实现中华民族伟大复兴成为一项新的历史任务。在此背景下，如何对待现代性的重要遗产——科学技术，成为决策者首先要面对的一个重要问题。

在当时，首先以实际行动抵制"四人帮"，最后冲破"两个凡是"束缚的，就是在中央主持科学和教育工作的邓小平同志。1975 年 9 月 26 日，邓小平在听取中国科学院负责同志汇报《关于科技工作的几个问题》（汇报提纲）时就指出："科学技术叫生产力，科技人员就是劳动者!"②在 1978 年 3 月 18 日召开的全国科学大会开幕式上，邓小平提出了两个非同凡响的论断："科学技术是生产力，这是马克思主义历来的观点……现代科学技术的发展，使科学与生产的关系越来越密切了。科学技术作为生产力，越来越显示出巨大的作用。"知识分子"已经是工人阶级自己的一部分"③。可以说，这两个论断，为正在酝酿的思想解放

---

① ［德］哈贝马斯：《作为"意识形态"的技术与科学》，李黎、郭官义译，学林出版社1999 年版，第 62 页。
② 《邓小平文选》第二卷，人民出版社 1994 年版，第 34 页。
③ 《邓小平文选》第二卷，人民出版社 1994 年版，第 87、89 页。

运动吹响了号角。1988 年，邓小平再一次指出："马克思讲过科学技术是生产力，这是非常正确的，现在看来这样说可能不够，恐怕是第一生产力。"[①]科学技术，尤其是科学，恢复了其原初意义，发挥了历史的推动作用和革命力量。

在"真理标准大讨论"中，以邓小平为代表的马克思主义者从不可逆转的历史潮流出发，从客观角度论证了科学技术对于社会主义现代化建设的重要意义。在思想文化界的"启蒙"思潮中，少数知识分子则从主体角度论证了科学对于人们确立主体性和自身感性解放的重要意义，并对西方的"技术现代性"保持警惕。

尽管在当代中国现代性构建中，关于科学技术本质及其功能已经显现出了其内在的矛盾性，但是，以实用理性为主导的工具理性成为当代中国科学技术发展的主要走向。"科学技术是第一生产力"论断成为多年来影响中国人最为深刻和广泛的观念之一。哈贝马斯和邓小平的"科学技术是第一生产力"论断在世界范围内均产生了广泛影响。对于中国的马克思主义研究者而言，如何划清二者的理论界限是一项颇费心思的工作，有不少研究者从命题的提出依据、命题本质和科学技术的功能等方面对二者的关系进行了细致入微的对比。

从理论旨趣来看，这两个论断的基本内涵相同，理论旨趣不同。所谓"基本内涵相同"，即这两个论断都是对马克思科学技术思想的继承和发展，继承体现在突出了科学技术作为实际财富的生产力维度及其革命意义；发展体现在强调现代科学技术在现代生产结构中至关重要的地位，即科学技术对经济增长的作用体现为：从（经济增长 = 生产资料 × 科学技术）到（经济增长 = 生产资料^{科学技术}）的转变。"理论旨趣不同"，

[①] 《邓小平文选》第三卷，人民出版社 1993 年版，第 275 页。

是指哈贝马斯是从现代性的批判视角对以技术理性为主导的启蒙理性的反思,其目的在于揭露资本主义意识形态背后所掩盖的发展动力问题,从而建构一种新的历史发展模型,以推进现代性未竟的事业。邓小平则是从现代性的构建视角对现代科学技术革命意义所作的最新阐释,其目的在于以科学技术作为社会主义现代化建设的先导。由此可见,同一论断实则代表了批判与辩护、反思与建构两种不同的思路差异,都是现代性的内在要求,只是基于理论与实践统一的原则,才发挥了不同的功能,因而具有不同的意义。

(三)"科学技术是第一生产力"实践反思

在哈贝马斯的理论构思中,"科学技术是第一生产力"命题包含着辩护和批判双重维度,他旨在通过揭露该命题的辩护内涵,而完成对资产阶级意识形态和资本主义发展动力的最新批判,所以,该命题本质上是批判性的。邓小平旨在通过揭示科学技术的历史先导作用和革命内涵,对即将展开的社会主义改革实践作理论上的铺垫,该命题是立足于时代和世界的最新发展[①],对社会主义的发展所作的基本判断,其本质是辩护性的。这种辩护性主要表现为,正确坚持和发展马克思的科学技术思想,就是坚持和发展社会主义。因此,关于"科学技术是第一生产力"的论断成为社会主义现代化建设的战略方针和战略措施。在战略地位不断被抬高的过程中,"科学技术是第一生产力"在实践中所遇到的难题、困境值得我们深思。

---

① 邓小平指出:"世界在变化,我们的思想和行动也要随之而变。""从长远看,要注意教育和科学技术。否则,我们已经耽误了二十年,影响了发展,还要再耽误二十年,后果不堪设想。"《邓小平文选》第三卷,人民出版社1993年版,第274、274—275页。

难题之一表现为，在客观层面，作为实际的财富，科学技术的至高战略地位与其在经济和社会发展中的附属地位之间存在不协调关系。自"科学技术是生产力""科学技术是第一生产力"论断相继提出以来，科学技术，主要是"科学化的技术"就作为一种实际的财富，成为国民经济高速发展的关键内容，而且日益成为社会主义国家战略的核心内容。

1978年3月18日，邓小平在全国科学大会开幕式上指出："四个现代化，关键是科学技术的现代化。没有现代科学技术，就不可能建设现代农业、现代工业、现代国防。没有科学技术的高速度发展，也就不可能有国民经济的高速度发展。"[①]

1995年5月26日，江泽民在全国科技大会上首次提出了"科教兴国"的经济发展战略。他指出："没有强大的科技实力，就没有社会主义现代化。……实施科教兴国战略，必将大大提高我国经济发展的质量和水平，使生产力有一个新的解放和更大的发展。"[②]

2006年1月9日，胡锦涛在全国科学技术大会上指出："科技竞争成为国际综合国力竞争的焦点。当今时代，谁在知识和科技创新方面占据优势，谁就能够在发展上掌握主动。"[③]

2018年5月28日，习近平在中国科学院第十九次院士大会、中国工程院第十四次院士大会上强调："中国要强盛、要复兴，就一定要大力发展科学技术，努力成为世界主要科学中心和创新高地。"[④]

---

① 《邓小平文选》第二卷，人民出版社1994年版，第86页。

② 《江泽民文选》第一卷，人民出版社2006年版，第428页。

③ 中共中央文献研究室编：《十六大以来重要文献选编》（下），中央文献出版社2008年版，第184页。

④ 习近平：《在中国科学院第十九次院士大会、中国工程院第十四次院士大会上的讲话》，人民出版社2018年版，第8页。

在此背景下，中央进一步提出了建设创新型国家的重大战略决策，创新成为社会发展的首要驱动力。至此，在社会主义社会中出现了与哈贝马斯所描述的晚期资本主义社会一样的情形：革新（主要是科学技术的革新）本身制度化了。

与此同时，科学技术在当代中国经济和社会发展中所起的作用却与其制度化的内在要求还有不少差距。因为，在社会主义的发展动力问题上，达成共识的是：改革是社会主义实现自我完善和发展的根本途径和动力。而改革的任务是使得生产关系适应生产力的发展，上层建筑适应经济基础的发展，所以改革说到底是一个体制创新的问题。虽然无论是党的文件还是理论界，对科学技术的重要作用高度重视，甚至也曾提出要把改革开放和科技进步共同作为社会主义发展的动力[①]，但是，直到目前，经济关系的改革仍被视为当代中国最大的红利。科技进步对经济和社会发展的实际作用还有待于深化。所以，正如习近平总书记强调："当前，我国科技领域仍然存在一些亟待解决的突出问题，特别是同党的十九大提出的新任务新要求相比，我国科技在视野格局、创新能力、资源配置、体制政策等方面存在诸多不适应的地方。"[②]

难题之二表现为，在主体层面，作为观念的财富，科学理性、科学精神对现代性的重要意义及其在当代中国现代性境遇中的缺失之间存在不匹配关系，从而导致"科学技术是第一生产力"这一命题从提出至今无论在理论层面还是在实践层面都仅仅展现了工具理性方面的长足发展。科学技术，尤其是科学理性、科学精神所内含的客观理性及科学所蕴含的"人文"精神被经济行为的目的合理性湮灭了。从科学技术与现

[①]　《江泽民文选》第三卷，人民出版社 2006 年版，第 118 页。
[②]　习近平：《在中国科学院第十九次院士大会、中国工程院第十四次院士大会上的讲话》，人民出版社 2018 年版，第 7 页。

代社会的关系来看，科学技术对现代资本主义生产方式及其社会制度的确立具有革命意义；从技术的维度来看，"蒸汽磨产生了工业资本家的社会"；从科学的维度来看，科学理性以求真、务实、分析的精神反对权威、反对独断、反对宗教蒙昧主义、反对形形色色的意识形态，从根本上构成了资产阶级自由民主制度的根本条件。作为西方启蒙运动基本原则彻底发展的社会主义，无论从其物质基础，还是从其精神境界，都需要科学理性精神的彻底贯彻及其与人文精神的内在融合。所以，就"现代性"的外延而言，科学是构成西方启蒙运动的根本价值理念和文化精神之一。

在当代中国现代性正在生成的历史境遇中，科学在某种程度上以"解放思想，实事求是"的求真、务实精神发挥了破除迷信、盲从，解放思想的历史作用。但是，由于新技术革命的世界历史背景和实用理性主导的文化心理，科学从一开始就被赋予了"技术化的科学"的内涵，科学技术与经济的关联成为国家科学技术决策、规划的核心内容，科学精神的客观理性集中表现为以经济合理性为主导的工具理性。

在物质文明与精神文明的结合方面，中央历来强调两手抓，两手都要硬。在改革开放以来的历次科技工作会议上，都是一方面强调科学技术之于经济建设的重要性，另一方面又强调要通过教育培养大批德才兼备、富有创新精神的科技人才。龚育之认为，这是从马克思主义的视角对科学精神与人文精神的有机结合。但是，这种结合只是外在的结合，是服务于科学化的技术合理性的目的本身的。科技创新与人文关怀是现代社会不可或缺的两大支柱，二者分属不同领域。在中国这样一个人文传统浓厚的国家中，如何以现代科学意识改良传统人文精神，如何赋予科学技术以人文关怀，将有高度人文关怀的科学精神与有现代科学意识的人文精神内在统一起来，是在全社会弘扬科学理性和科学精神的关键。

"科学技术是第一生产力"在当代中国社会主义实践中遇到的上述两个难题是当代中国处于"社会主义与资本主义"这一历史张力之中的必然结果。"社会主义与资本主义是现代性的两种筹划，是现代历史中展开的现代性的两个版本。"①在马克思的科学社会主义理论中，社会主义现代性是资本主义现代性的替代性方案。但是，由少数国家率先建立的社会主义制度已经大大改变了马克思的理论构想，社会主义与资本主义、民族国家与全球化趋势同时存在的张力成为探索中国未来发展所必须考虑的一个重大命题。

中国的社会主义制度在经历了传统社会主义建设模式的曲折之后，不可避免地卷入了被资本主义现代性主宰的话语体系中，在对待科学技术这个现代性的核心内容方面，它既要积极突出科学技术对经济建设和社会发展的历史杠杆作用及革命力量，又不得不根据晚期资本主义维护自己合法性的逻辑（创新的制度化）来不断改善自己的境遇，维护自己在世界体系中的合法性地位。所以，科学技术的本质及其功能存在于作为生产力的批判维度与作为意识形态的辩护维度的张力中。中国要继续保持自身的民族文化基因，追求社会主义的核心价值，完成社会主义的现代性筹划，就必须对科学技术与政治合理性、科学与人文之间的关系作出自己的理论阐释，并付诸实践。

三、科学理性与国家治理现代化

以往，人们倾向于认为，科技创新、国家治理和人文关怀是针对物

---

①　冯平、汪行福等:《"复杂现代性"框架下的核心价值建构》,《中国社会科学》2013年第 7 期。

质文明建设、社会制度建设和精神文明建设分别提出的，从而将三者看作并列或者前后相继的三个领域，而忽略了三者之间的密切关联。事实上，只有当一个社会从经济、政治和文化各领域都贯穿了理性主义的原则，彼此功能各异又相互协调，这个社会才具有稳定的现代性。所以，合理性不仅是经济行为的内在因素，也是政治现代化的必要条件。从现代化的历史经验来看，科学技术为现代民主制度确立了基本的前提。但是，从现代性批判的视角来看，科学技术本身没有特定的实质目标，也没有政治倾向和立场。

由此可见，技术理性与政治合理化之间有着必要而不充分的关联。因为，一个自由民主的社会建立在普通人的基础之上，普通人的一些非理性的欲望、情感、意志、传统等因素都会对政治合理性的推进产生非常重要的作用。技术理性与人文精神共同构成了现代民主制度的两大支柱。法兰克福学派批判理论家也深刻意识到了这一点，对技术理性统治和权威心理学进行了批判分析。中国要实现国家治理现代化，就既要通过现代科学理性对传统人文精神进行创造性转化，又要避免工具主义、操作主义对传统人文精神的矫枉过正。

（一）科学理性是国家治理现代化的理性基础

在现代性理论中，科学技术不仅仅是一个经济问题，更是一个政治问题。现代科学技术的革新对现代民主制度的确立有着直接的推动作用，不能将科学技术与政治的关系简化为经济与政治的关系。因为技术理性是现代科学技术的世界观内核，民主是现代政治哲学的基本论题和政治合理性的基本要求。所以，要探讨科学技术发展对政治现代化的意义，首先必须讨论技术理性与民主的关系。

1. 科学与民主

科学与民主是现代性"家族"的主要成员，它们是现代社会得以确立的两大基石。科学理性属于现代科技文化的一部分，它本身并不包含任何政治倾向和立场，但却可以为现代社会的各种政治意图所运用。科学理性不同于技术理性，一般被认为与科学精神相等同，贯穿于科学发展的始终，它与人类解放的旨趣相一致，一直以来被人们所认同。殷海光从科学与民主相关联的角度，将科学理性概括为包括印证的、怀疑的、累聚的、试行的、系统的、互为主观的和运作的七种基本态度①。如将这七种基本态度与其他条件相配合，就产生了科学。从上述归纳中可以看出，殷海光将科学理性的基本性质限定在经验科学（归纳科学）的界限之内。

其实，在西方近代科学发展的历史轨迹中，包括以培根为代表的经验科学（经验论）和以笛卡尔为代表的演绎科学（唯理论）两条线索。这两者的分歧除了唯名论和实在论这一遥远的历史根源之外，还直接、集中地反映了对自然科学方法的不同理解：唯理论以数学为知识的模型；经验论者把实验科学作为知识的模式。但是，就本质而言，它们"都不以宗教信仰、神学教条为知识的前提、基础和标准；都关注知识基础问题……都持'基础论'的立场……都从简单的、无可置疑的命题出发，使用分析与综合的方法，对整体与部分、原因与结果的关系进行探讨"②。所以，它们都属于科学理性主义的传统，体现了近代哲学的科学精神。不过，不同于培根的经验科学将以思辨、伦理和宗教等价值为取向的知识排除在科学精神之外，笛卡尔的演绎科学确立的反思性、主

---

① 参见张斌峰、何卓恩编：《殷海光文集三卷——正确思想的评准》（修订本），湖北人民出版社 2009 年版，第 2—4 页。

② 赵敦华：《西方哲学简史》（修订版），北京大学出版社 2001 年版，第 172 页。

体性和理性主义的原则体现了科学精神的另一种面相，即科学精神对人的解放的意义。

不同于科学，民主属于政治范畴，西方的政治和社会制度，在有文字记载的远古时代，即表现出原始的民主意味。现代意义上的民主（democracy）出自希腊的雅典，希腊文 demokraiu，由 demos（人民）与 krateein（治理）两词合并而成。由此可见，民主最基本的意义即由人民自己治理国家。不过，民主作为一个历史范畴，其意义并非如此简单。余英时将"个人自由、容忍、讨论、平等与博爱"① 等五个方面看作民主的几个重要方面的意义。殷海光也在与上述几种科学精神基本含义的对照中探讨了民主的基本含义：能看见真实的世界、对他人言论产生怀疑的讨论、"累积渐进"而非"举国规模"的建设思想、富有弹性和尝试精神的政策实施思想等。

科学理性与民主分属两个完全不同的领域，但是从科学理性与民主的具体性质来看，二者互为前提。科学理性"一是为民主政治的接引准备最起码的条件。……二是科学理性有助于养成公民的批判意识和反省精神"②。然而，一般谈论科学理性与民主的关系，都是就经验论意义上的科学与民主的关系而言的。近代西方自由主义和民主政治理论的创始人洛克就是立足于经验论的立场建构了其社会契约论理论。殷海光也是立足于经验科学的立场，从经验科学的几条原则入手，讨论其与民主的内在关联。然而，经验科学所体现的科学精神从知识中排除了伦理、价值等因素，相应地，在社会理论中，其对民主的理解，就会带有经验科

① 余英时：《余英时文集第六卷——民主制度与近代文明》，广西师范大学出版社 2006年版，第6—9页。
② 何卓恩：《"民主"所需要的"科学"——中国自由派学人科学与民主关系论述的世纪演变》，《武汉理工大学学报（社会科学版）》2004年第4期。

学意义上的操作主义、工具主义特点，进而会受到技术理性的支配。

唯理论具有革命意义的反思性、主体性的科学精神更多地强调了科学理性与主体自由、道德和幸福之间的关系，与人的解放的立场息息相关。唯理论的代表人物斯宾诺莎正是在这种哲学基础上寻求关于人的拯救与幸福的哲学。马克思也正是在唯理论意义上探讨科学技术的革新对无产阶级的解放所具有的革命意义。恩格斯曾指出："马克思在他所研究的每一个领域，甚至在数学领域，都有独到的发现，这样的领域是很多的，而且其中任何一个领域他都不是浅尝辄止。他作为科学家就是这样。但是这在他身上远不是主要的。在马克思看来，科学是一种在历史上起推动作用的、革命的力量。任何一门理论科学中的每一个新发现——它的实际应用也许还根本无法预见——都使马克思感到衷心喜悦，而当他看到那种对工业、对一般历史发展立即产生革命性影响的发现的时候，他的喜悦就非同寻常了。……因为马克思首先是一个革命家。他毕生的真正使命，就是以这种或那种方式参加推翻资本主义社会及其所建立的国家设施的事业，参加现代无产阶级的解放事业，正是他第一次使现代无产阶级意识到自身的地位和需要，意识到自身解放的条件。"① 在此意义上，马克思的政治民主观是对以经验科学为基础的自由主义民主理论的批判和发展。

2. 工具化的科学理性与极权主义

建立在经验科学基础上的科学理性铸就了近代西方自由民主制度的成就。然而，科学理性与民主制度的关系并不是完全自足的。如果说，以培根为代表的早期经验论者对科学的理解还闪烁着人性的光辉，而后来的经验论科学在其发展中越来越纠结于事物自身，越来越不愿意看到

---

① 《马克思恩格斯选集》第 3 卷，人民出版社 2012 年版，第 1003 页。

非人事物的人性基础，从而导致了其思想的越来越浅薄。由此，霍克海默指出，经验主义，尤其是最新形式的经验主义，很容易造成灾难，"由这些科学手段得到的关于世界和人的图景，可能与那个时代实际上能达到的真理大不一样。那个国家的居民由于受制于摧毁每个人内心自由的经济机器，由于被狡诈的教育和宣传方法阻止了智力发展，也由于他们被恐怖和畏惧弄得不知所措，他们可能会受歪曲的印象的支配，做出违反他们的真正利益的事情，从而在每种感情、每个表达和每个判断中，都充满着欺骗和谎言。"① 这种越来越丧失人性的经验主义也导致科学理性的工具化，这种工具化的科学理性不仅不与民主内在关联，反而成为吞噬民主制度的毒药。

法兰克福学派这种独特的理论反思与其所处的时代背景密切相关。法兰克福学派正式形成于 20 世纪 30 年代初期。当时，被纳粹驱逐的大量德意志流亡人士对纳粹暴政进行了各自不同的理论反思。这些反思包括对纳粹暴政本身的反思，对德意志民族独特的历史和文化的反思，对自由放任资本主义的反思，以及对资本主义现代性的反思等。尽管有政治立场和研究出发点的不同，工具化的科学理性与纳粹极权主义的关系成为这些反思共同的话题。

汉娜·阿伦特在《极权主义的起源》一书中指出："极权主义宣传非常强调其论点的'科学'性质，这一点常被人用来比较某些在群众面前作自我表演的广告技巧。而事实上，每一份报纸的广告栏都夸示这种'科学性'（scientificality），制造商用事实和数字来证明，一个'研究'机构出马相助，例如论证他的肥皂是'世界上最好的肥皂'。同样

---

① ［德］马克斯·霍克海默：《批判理论》，李小兵等译，重庆出版社 1989 年版，第 134 页。

地，宣传者充满想象的夸张中有某种暴力成分，例如小姐们如果不用这种牌子的肥皂，就会一辈子长粉刺，找不到丈夫……商业广告宣传和极权主义宣传这两者都明显地只是一种权力追求。"① 学了美国的商业宣传的"极权主义宣传比其他政党和运动的宣传更优越，根本原因在于它的内容，对于运动的成员们而言，不再是一种人们有可能产生意见的客观问题，而是像数学定律一样，变成了他们生活中真实的，而又不可触及的成分"②。纳粹极权主义赖以生存的宣传工具所特有的客观科学性，被以哈耶克、波普尔为代表的自由主义者和以法兰克福学派为代表的社会民主主义者从两个方面引向了深处。

法兰克福学派的核心人物霍克海默在 1939 年发表的论文《犹太人与欧洲》中提出"谁不想去谈论资本主义，谁就会对纳粹主义保持沉默"③ 的命题决定了研究所关于纳粹主义的研究方向，即纳粹极权主义是资本主义现代性的产物。霍克海默指出："当市民启蒙运动的理性走向反面的时候，法西斯主义带着它极权主义的统治形式，体现的正是对这些倾向的一些合乎逻辑的实现，这些倾向本身存在于市民政治和经济自由主义的逻辑中。"④ 这种走向对立面的理性就是工具化的科学理性。这种工具化的科学理性，即技术理性，带有极权主义性质，它用同一性排除了差别，把情感、道德力量看作是类似于直线、面积和体积一样的

---

① ［美］汉娜·阿伦特:《极权主义的起源》，林骧华译，生活·读书·新知三联书店 2008 年版，第 444—445 页。

② ［美］汉娜·阿伦特:《极权主义的起源》，林骧华译，生活·读书·新知三联书店 2008 年版，第 465 页。

③ 转引自李工真:《对纳粹暴政与德意志历史最早的反思——德国流亡社会科学家与纳粹主义研究》，《世界历史》2011 年第 3 期。

④ 转引自李工真:《对纳粹暴政与德意志历史最早的反思——德国流亡社会科学家与纳粹主义研究》，《世界历史》2011 年第 3 期。

问题，因而只不过是中性的冲动行为和模式。

　　一旦这种冲动行为和模式被权力所主宰，就会变成非道德的力量。法西斯极权主义就是将其付诸了实践。不仅如此，学派成员还将极权主义批判的逻辑延伸到发达工业社会。由于固有的文化贵族与精英主义偏见使得他们对发达资本主义社会产生了新的不适，"文化工业"理论就是学派成员对极权主义批判的合理延伸。与此同时，学派成员犹如惊弓之鸟，他们结合弗洛伊德精神分析等理论对美国民主社会潜在的独裁人格、逃避自由的现象进行分析，以便消除偏见，以防美国这片安全孤岛陷入战争的火海之中。

　　与法兰克福学派的观点相对应，以路德维希·冯·米瑟斯、哈耶克等为代表的流亡英国的"奥地利学派"的"纯自由主义者"们则认为极权主义是资本主义现代性的短暂失败，正是社会主义运动在欧洲破坏了资本主义的自由经济原则，才导致极权主义的统治。作为被纳粹驱逐的奥地利犹太人，卡尔·波普尔也力图分析社会主义的理论基础，从而从理论上批判当时的极权主义统治。同时，他们也认识到了科学理性的限度。哈耶克指出："似乎存在着这样一种理性主义：由于这种理性主义不承认个人理性的力量所具有的这些限度，所以它实际上也就趋于使人之理性变成了一种较为低效的工具（这当然是与理性原本可能具有的效力相比较而言的）。"① 所以，哈耶克、波普尔针对工具化的科学理性，分别提出了"进化理性主义"和"批判理性主义"，以批判技术理性的绝对化倾向。他们认为，这种具有自反性的理性能为西方的自由民主制度注入新的活力。

---

① 《哈耶克论文集》，邓正来译，首都经济贸易大学出版社 2001 年版，第 203 页。

3. 当代中国国家治理现代化的理性基础

科学理性作为现代科学技术文化世界观的核心不仅是经济合理性的内在要求，而且是政治合理性的必要条件。但是，由于科学理性是科学技术作用于人的理智、心灵和社会生活的表现，属于"科技—理性—世界观"的要素，其本身具有中性的特质。然而，一旦其变得中立，与权力相结合，它就会作为社会"意识形态"的一部分，甚至具有产生非道德的力量，促使人类的生存状态倒退到残酷的野蛮状态，从而对政治合理性进程产生极大的影响。所以，究竟该如何协调以工具理性为主导的科学理性与政治现代化的关系成为当代政治哲学讨论的主题之一。哈贝马斯从现代性的规范性视角对这一问题给出了自己的解决方案。

哈贝马斯的话语政治模式①是一个将科学理性与民主问题结合起来思考政治合理性的现代典范。之所以说其具有典范意义，是因为哈贝马斯从西方理性主义和民主制度的传统中汲取营养，同时又批判性地考察了这二者及其结合的局限性，最后提出了超越自由主义、共和主义的第三种民主规范模式。具体来看，哈贝马斯思考政治合理性问题的前提是对"合理性"概念的理解。在他看来，"合理性"概念最基本的内涵是认知意义上的，即其所涉及的只是对所描述知识的具体应用，而科学以认识和把握知识为最高目的。所以，探讨知识具体应用的"合理性"一定是以科学理性为前提的。不过，不同于老一代批判理论对工具化的科学理性的激进批判和在工具理性与现代民主制度之间造成断裂的两个弱点，哈贝马斯以积极的态度正视了"认知—工具理性"的历史意义，并

---

① 话语政治模式，即商议政治的构想，"是一个试图包容所有人，而又不压迫或排除任何人的政治之观念形成和意志形成的操作方式"。这也是哈贝马斯对老一代批判理论弱点的一个重要修正和补充。参见中国社会科学院哲学研究所编：《哈贝马斯在华讲演集》，人民出版社 2002 年版，第 88 页。

对传统的科学理性作出了新的区分。

在哈贝马斯看来，科学理性包括认知—工具理性和交往理性两个层面。所谓认知—工具理性，即目的行为从非交往的角度对命题知识的运用作为出发点，这种"理性概念被经验主义深深地打上了现代性自我理解的烙印，具有丰富的自我论断的内涵，而且，通过对偶然的周围世界环境的深入占有和积极适应，这种自我论断还能够取得成功"①。而交往理性则是从言语行为对命题知识的交往运用出发，其核心在于论证话语在不受强制的前提下达成共识的一种经验，在这种理性的牵引下，"不同的参与者克服掉了他们最初的那些纯粹主观的观念。同时，为了共同的合理信念而确立起了客观世界的同一性及其生活语境的主体间性"②。这两种理性都导源于科学理性，二者相互配合、相互统一。因为，"分散利用和操纵事物及事件的能力，与主体相互就事物和事件达成共识的能力之间存在着一种内在联系。"③只有有能力的人才能合理行事。而且，交往理性内含着认知—工具理性维度，因为交往理性不仅仅依赖于对有目的干预的结果进行合理性衡量，还要通过主体间沟通过程的达成对合理性进行衡量。

在这种蕴含科学理性的交往理性基础之上，哈贝马斯探讨了一种新的民主规范模式，即商谈民主的构想。这种新的民主构想与可以追溯到洛克的"自由主义"民主模式和可以回溯到亚里士多德，后来在卢梭那里重新得到重视的"共和主义"民主模式相对应。

---

① ［德］尤尔根·哈贝马斯：《交往行为理论：行为合理性与社会合理性》，曹卫东译，上海人民出版社 2004 年版，第 10 页。

② ［德］尤尔根·哈贝马斯：《交往行为理论：行为合理性与社会合理性》，曹卫东译，上海人民出版社 2004 年版，第 10 页。

③ ［德］尤尔根·哈贝马斯：《交往行为理论：行为合理性与社会合理性》，曹卫东译，上海人民出版社 2004 年版，第 14 页。

以洛克为代表的"自由主义"民主模式以经验论的科学理性为牵引，"共和主义"模式在道德上的要求一定程度上与唯理论的科学理性相联系。而商谈民主模式与富含科学理性的交往理性紧密相关。在哈贝马斯看来，商谈民主作为一种民主规范，"既会产生不同于共和主义把国家当做一个道德集体之表象的区别，也会产生不同于自由主义把国家当做一个经济社会守卫者之表象的区别"①。由此，通过交往理性，哈贝马斯在科学理性与政治现代化之间建立了一种新的联系，虽然其很大程度上还属于"应当"的范畴。这种在西方理性主义传统内部对科学理性的自我反思及对政治现代化的最新探索对于当代中国民主制度建设具有启发意义。

民主（"德先生"）与科学（"赛先生"）是近代中国向西方学习的总纲。自由主义思潮传入中国之时，为了与以儒家为主的宗法礼教文化相抗衡，在民众中树立起自由民主的价值理念，早期中国的自由主义者一开始就树起了科学的旗帜，强调科学对于解放思想和社会现代化的重要性。然而，之后的很长一段时间，由于受到民族救亡和传统社会主义模式双重困境的制约，科学一方面负载了救亡的使命，另一方面成为意识形态斗争的附属品，从而导致工具性成为科学的首要特征，科学理性失去了其解放意蕴。

伴随着传统社会主义建设模式的困境和当代中国现代性问题的提出，在当代中国语境中，科学迎来了自己的春天。科学的复兴表现在两个层面：一是科学脱掉了意识形态的紧身衣，被理解为一种发挥杠杆作用的革命力量，这也导致科学，主要是科学技术的现代化成为社会主义

---

① 中国社会科学院哲学研究所编：《哈贝马斯在华讲演集》，人民出版社2002年版，第85页。

现代化的关键，但是，科学理性与政治现代化的关系并未进入社会主义现代化建设的理论视域；二是在 20 世纪 80 年代"新启蒙"中，一批学者在经验科学的意义上通过弘扬科学精神，推进思想启蒙。同时，他们接触到西方哈耶克、波普尔等人的学说，并对西方自由民主制所出现的问题进行了反思，强调了科学理性的局限性，这决定了中国的政治现代化道路必须跳出西方政治制度模式，直面自己历史和现实的特殊性。

要坚持走中国特色社会主义政治发展道路，推进人民民主，就要对科学理性予以重视、弘扬，并进行自己的规范性建构。技术理性是政治合理性的必要不充分条件。一个民主的社会建立在常人基础之上，凡人的非理性欲望、情感、信念、习惯等都会对政治现代化进程产生影响。在此意义上，技术理性与价值理性构成了现代民主社会的两大支柱。在中国这样一个人文传统浓重的国度推进国家治理现代化，就必须坚持马克思主义的辩证唯物主义世界观，妥善处理技术理性与人文精神的关系。

（二）培育科学理性，弘扬人文精神

当代中国的治理现代化一方面需要科学理性的引导，另一方面又受到唯科学主义倾向的不良影响。这既与对科学精神的工具化解读有关，也与人们对传统人文精神的认识局限有关。

1. 人文精神对国家治理现代化的影响

民主制度是常人的政治组织形式，所以其本质上是平庸、平常无奇的一种政治形态。这种政治形态的形成、稳固和发展既与人们的经济组织形式有关，也与人们生活的社会文化心理密切相关。近代美国民主制度的形成就与西方近代启蒙运动文化发展的大高潮有关。在此次高潮中，自由、民主、平等、博爱等价值理念得到了前所未有的讨论和关注。一部美国宪法的不断修正，也与社会民众不断变化的社会文化心理密切相关。在此意义上，谈论民主需要文化的背景，而这种文化背景不仅包括科学技术文化，还包括丰富的人文内涵。

这里所谓"人文精神"，并不是狭义上所理解的与"自然科学"对立的人文学科，而是指人们生活于其中的"背景文化"的东西。这种"背景文化"是民主观念生长和传播的动力。在近代西方，"民主"与"人文"共同生长起来，"二者互相加强，互相支援。深层看，这二者之间的关系其实便是'政治'与'文化'之间的一般交涉的具体反映"①。作为近代西方"背景文化"的人文精神将人从神的束缚中解脱出来，培育人的理性精神，倡导人的独立人格和尊严，呼唤人的感性解放，这些都推进了公众民主意识的培育。而且，不同于技术理性的实证追求，尤其是经验论的科学理性越来越将人间看作一个冷冰冰的逻辑系统，人文精神承认人生活在一个由情感、道义等支撑的人文传统中，只有正视这些非逻辑的力量，才能培养出较完善的民主品质。所以说，人文精神与技术理性是现代民主制度的两大支柱。

正是看到民主与人文精神的深切关联，在民主制度受到侵害，尤其是在被工具理性的同一性逻辑所主宰的时候，一些青睐人文传统而又具有批判意识的思想家就会激活人文传统，通过彰显人文精神的解放维度来释放民主的潜力。法兰克福学派的老一代批判理论家，在面对启蒙理性受到法西斯主义和发达工业社会双重极权主义挑战时，提出了一种"审美现代性"的替代性方案。马尔库塞和阿多诺晚期的大部分著作都越来越把美学放在重要地位，并且，他们的美学和艺术理论是与他们的哲学态度、政治立场紧密联系在一起的，"他们所有的艺术理论都建立

---

① 余英时：《人文·民主·思想》，海豚出版社2011年版，第56页。

在这样一个问题的基础上：即艺术如何体现它的社会批判的姿态，如何成为解放意识，否定社会压抑的因素"①。

然而，老一代学派成员由于其犹太教的出身背景及其固有的文化贵族和精英主义偏见，他们并未认真探讨过资产阶级民主政治理论，其"艺术政治学"追求的只是一种空洞的民主。哈贝马斯认为这是早期批判理论的一个缺点。在一次访谈中，哈贝马斯指出：除了早期批判理论的规范基础问题，以及从黑格尔那里继承来的真理概念的解释问题以外，"在政治理论的层面上，旧法兰克福学派从不重视资产阶级民主。这就是我所认识到的法兰克福学派的三个缺点"②。而后者则是哈贝马斯密切关注的。哈贝马斯提出了区别于自由主义和共和主义的第三种民主规范模式：商谈民主。这种民主规范的基点是交往理性，而交往理性正是将传统人学所理解的个人的凝固不变的"自然理性"的本质创造性地转化为个体之间所共有的"公共理性"。这种交往理性虽然以科学理性为基础，但是它体现在日常交往和语言符号当中，既不是先验的东西，也不隶属于某个个体。生活世界中根深蒂固的文化背景是交往参与者获得共识的重要前提。

与早期法兰克福学派成员有着相似背景的犹太流亡哲人施特劳斯倾向于通过"返身古典"反思现代理性主义和政治设计的缺陷。比如，施特劳斯认为："(1) 现代理性主义试图取代上帝的位置，解决人的所有问题，但事实证明它无法取代信仰在人的灵魂中的位置。因此，现代理性主义支配下的现代社会不过是满足了人的物质需求和无限膨胀的欲

① 杨小滨：《否定的美学——法兰克福学派的文艺理论和文化批评》，上海三联书店1999年版，第17页。
② 包亚明主编：《现代性的地平线——哈贝马斯访谈录》，李安东、段怀清译，上海人民出版社1997年版，第46页。

望，却导致了现代人精神上的无家可归甚至价值的颠覆。（2）现代自由民主制国家试图通过政教分离的方式将宗教信仰转变为私人领域可供自由抉择的宗教派别，因此消除因信仰不同导致的犹太人政治迫害。但自由民主制是以公共领域与私人领域的区分为前提的。……因此自由民主制能够免除公共领域犹太人的政治迫害却无法消除私人领域的反犹情绪。"① 所以，施特劳斯以谦卑的心态求教于古人，重新阅读、理解和阐释经典，从而探寻现代社会文化的危机所在。

在对待资产阶级民主的问题上，法兰克福学派的"艺术政治学""商谈民主"构想与施特劳斯的"返身古典"原则分别代表了"面向未来"和"回归传统"这两种不同思路。但是从本质上讲，他们都力图将人文精神作为技术理性的解毒剂，通过求助于人文精神进一步释放资产阶级社会的政治合理化潜质。然而，同科学理性一样，人文精神也不是同质的。一般来说，它包括社会文化和社会心理两个层次。具体而言，除了"理性"因素，还包括道德、情感、欲望等"非理性因素"。如果在政治设计中道德情感超载或者受到欲望的牵引，民主制度也会陷入道德上的狭隘化，一旦与中立的科学理性相结合，甚至会变为绝对的不道德。

哈贝马斯认为，共和主义的民主模式就是将政治理解为"一种对道德的生活关联的意识"②。因而，政治观点和政治意志的形成不是服从于市场，而是服从于规范化的公共交往结构，这种政治是关于价值问题的争论，是一个理智的说服过程，其本质指向最高的善或者公正。这种民主模式的优点姑且不议，其缺点是，"它太理想化。因为政治不仅仅是，

① 转引自高山奎：《"奥斯维辛"的哲学批判——阿伦特和施特劳斯犹太思想的三个理论歧见》，《人文杂志》2012 年第 1 期。

② 中国社会科学院哲学研究所编：《哈贝马斯在华讲演集》，人民出版社 2002 年版，第80 页。

而且首先不是道德上的自我理解的问题。这个错误就在于政治商谈的道德狭隘化"①。因为，政治目的背后利益和价值取向的平衡依靠的是共同遵守游戏规则的政党之间的协商，而不是理想的道德商谈。阿伦特和施特劳斯对这种道德主义的政治进行了深刻的思考。阿伦特指出，在希特勒领导的纳粹政权中，服从命令就是最高的道德，所以，以高度的责任感执行灭绝犹太人命令的艾希曼在极权主义政治中属于道德的典范。而且，依靠现代技术手段对执行者与被灭绝者之间的隔离，将这种服从命令的道德与罪恶的区别完全抹杀，在此意义上，伟大的康德和下流的萨德是同一的。

施特劳斯也认为，纳粹主义是一种将德性与政治完美结合的最下里巴人的例子，不过这种德性的基础是"武德"。他指出："在一种德性中，高尚与功用、义务与自利之间的差别最明显，这种德性就是英勇、武德。其他一切德性活动的完成都是有报偿的；正义、节制、温文、慷慨等等都是有酬劳的；英勇，也就是战死疆场、为国捐躯绝无报偿，它是自我牺牲之尤者。英勇是唯一毫不含糊的非功利德性。"②所以，为了荣耀尚存的德国，为了捍卫受到威胁的道德，德国思想家都过分地强调了武德的价值，以这样一种方式，"德国哲学开创了一种特别德国化的传统：鄙视通识以及通识所设想的人生目的"③。而纳粹主义就是这种高度强调武德价值的最著名例子。

由此可见，作为"背景文化"的人文精神是民主的内在因素和动力。

① 中国社会科学院哲学研究所编：《哈贝马斯在华讲演集》，人民出版社 2002 年版，第 84 页。
② ［美］施特劳斯：《德意志虚无主义》，见刘小枫编：《苏格拉底问题与现代性》，华夏出版社 2008 年版，第 127 页。
③ ［美］施特劳斯：《德意志虚无主义》，见刘小枫编：《苏格拉底问题与现代性》，华夏出版社 2008 年版，第 128 页。

但是，它与民主的关系并不是自明的，只有经过科学理性创造性提升的人文精神才能真正推动民主意识的培育。这也再次表明，科学理性与人文精神的协调统一是现代民主制度的思想基石。否则"无道德的科学会沦为犬儒主义，这样也就摧毁了科学努力自身的根基；无科学的道德则沦为迷信，从而往往成为狂热的野蛮"①。

2. 培育科学理性，提升背景文化

自从"科学"传入中国以来，它就以一种"强者"的姿态得到了几乎全民一致的崇信，获得了"无上尊严"的地位，并一度形成了强大的科学主义思潮。中国的自由主义和马克思主义从诞生之初起，就受到了科学主义思潮的强烈影响。

中国早期的自由主义者试图以一种科学主义的态势对以儒家为主的宗法礼教背景文化进行解构，从而解放思想，树立起自由民主的价值。作为中国自由主义奠基人的胡适尝试通过所谓"十诫"将人生观科学化。

马克思主义在中国传播进程中也深受科学主义的影响，并形成了强烈的科学主义化倾向。"这一特点对中国马克思主义哲学的发展产生了极深刻的影响，是了解中国马克思主义哲学的成功与失误、贡献与局限的关键之一，也是了解中国马克思主义哲学与科学主义、人文主义等思潮关系的关键之一。"②

这种科学主义的强势态势，加之中国的"背景文化"中缺乏科学理性的基因，以及对西方科学理性的迷恋，导致科学精神与中国本土的背景文化在接触之初就相处得并不和谐，甚至对中国的传统背景文化产生全盘否定的情绪。"严复、梁启超要求'新民'，胡适、陈序经主张'全

① ［美］施特劳斯：《德意志虚无主义》，见刘小枫编：《苏格拉底问题与现代性》，华夏出版社 2008 年版，第 117 页。

② 何萍、李维武：《马克思主义中国化探论》，人民出版社 2002 年版，第 224 页。

盘西化'，殷海光也认定，非科学的中国文化传统与自由民主毫不接近，选择自由民主就必须抛弃民族传统。他们反对文化民族主义者将'中体'与'西用'结合的企图，文化论战频频发生，几乎从未间断。"① 在外患日迫、救亡图存的社会语境下，科学主义的限度凸显。因此，一批文化民族主义者开始在与科学相对应的"背景文化"中寻求理论资源，"道德救国"成为一些民族主义者不约而同的目标。章太炎的"复兴古学""保存国粹"以及"普及本国常识"体现了他对科学主义的反感和以"背景文化"救国的革命目的。在诸种社会思潮共同交织的思想生态中，马克思主义以其与中国"背景文化"和"实际情况"的较高契合度，成功地在中国大地上开花结果，并彻底改变了中国历史发展的进程。然而，由于一直以来对马克思主义解释的科学化倾向，这就导致了国家治理中强科学主义、弱人文精神局面的形成，这种情形延续到了当代中国现代性构建中。

当代中国现代性问题的提出以追求人的解放、主体性的确立和科学技术的复兴为开端。然而，在现代性辩护与批判的矛盾中，当代中国现代性的内部同一性产生了分歧，辩护的维度成为矛盾的主要方面，进而导致马克思主义科学性和价值性两个维度的分化，"科学"的马克思主义形象再次凸显。

这种工具化的科学主义促进了经济行为的合理化，带来了社会物质领域发展的巨大飞跃。按照法兰克福学派批判理论家的分析，这种工具化、技术化的科学理性具有一种"同一性"力量，它将现代社会的政治治理、日常生活和社会心理都卷入了工具理性的总体性逻辑。

---

① 何卓恩：《"民主"所需要的"科学"——中国自由派学人科学与民主关系论述的世纪演变》，《武汉理工大学学报（社会科学版）》2004年第4期。

人民民主要摆脱形式理性的束缚，提升其品质，将其发展成为人民大众的一种生活方式和文化方式，就必须反思、重建和培育科学理性，提升背景文化，并将二者有机统一起来。

人民民主是当代中国治理现代化的根本旗帜，它以马克思主义为理论指导。马克思主义将西方启蒙运动以来的科学理性和人文精神有机结合在一起，并予以进一步的发展，形成了批判性、科学性和价值性相统一的理论体系和实践模式。人民民主是科学社会主义的基本政治原则，这种民主模式也来源于西方启蒙运动的传统，又是这个传统的批判形态。这是因为，这种民主模式采纳了一种积极的强民主概念，它始终站在无产阶级解放的理想高度谈论民主。不过，马克思认为，从资产阶级民主到人民民主需要一个过渡阶段，即无产阶级专政时期。在这个时期，民主的实现需要专政的保障和政党之间的协商。在此意义上，"社会主义协商民主是我国人民民主的重要形式。"①

要健全协商民主的民主形式，就要确立协商的理性基础。所以，反思工具化的科学理性，建构交往理性，推进科学传播，就是当代中国弘扬科学理性的致思方向。与此同时，要让民主真正诉诸每一个自由个体，还要依靠"背景文化"。"中国文化跟民主没有像大家想象的那样互不相容：民主需要有文化的背景，中国传统儒家文化是帮助民主观念在中国传布、慢慢使大家接受的一个重要的动力。换句话说，没有这个背景的文化，民主观念是传不过来的。"②如何通过培育科学理性，提升"背景文化"，这涉及现代性的一个重要问题，即文化现代性。

---

① 胡锦涛：《坚定不移沿着中国特色社会主义道路前进　为全面建成小康社会而奋斗——在中国共产党第十八次全国代表大会上的报告》，人民出版社 2012 年版，第 26 页。

② 余英时：《人文·民主·思想》，海豚出版社 2011 年版，第 43 页。

第 五 章

法兰克福学派与当代中国的文化

　　作为一个有着独特文化传统的国家，文化现代性对于当代中国文化现代性构建的意义至关重大。从现代性的规范内容和具体层面来看，文化都是其不可或缺的重要维度。法国诗人波德莱尔最早从文化审美的角度界定了现代性的内涵和本质。哈贝马斯指出："文化现代性所特有的尊严在于韦伯所说的价值的分化。"① 文化在现代性自我确证的过程中，逐步摆脱了宗教—形而上学世界观的束缚，获得了自身的合法化和自主性，成为一个具有独立价值和根据的领域。法兰克福学派的现代性批判理论和帕森斯的现代化理论从两个方面发展了韦伯的思想，中国的理论研究和实践着力点在于后一方面。对于法兰克福学派批判理论的接受与研究主要局限于人文知识分子的话语领域，试图以批判者的角色介入社会现实，从而使得"文化"参与到现代性的社会话语争论当中，进而参与到社会实践中去。探讨法兰克福学派的文化现代性批判理论对当代中国文化现代性构建的影响和意义，是研究法兰克福学派与中国现代性构建的一个重要方面。

---

① ［德］哈贝马斯：《现代性的哲学话语》，曹卫东等译，译林出版社2004年版，第130页。

法兰克福学派的早期批判理论试图通过建构一种新的形式美学来发挥艺术的批判和救赎功能，从而为批判和超越现代性打开一条通道。由于接受者所处的历史语境原因，早期批判理论的形式美学思想在中国语境中所获得的声名先后主要来自两个方面：一方面是马尔库塞的感性审美革命理论；另一方面是阿多诺的文化工业理论。这种具有内在统一性的形式美学理论因而被分化为"马尔库塞形象"和"阿多诺形象"。出于"援西入中"的理论和实践目的，接受者（包括批判者）出于不同的实际利益需求，不加反思地将这两种内在同一的审美形象介入到了不同的知识话语论争与建构中，从中也体现出当代中国思想和知识领域的分野。

这种以激进的批判性为鲜明特色，且具有内在统一性的形式美学在中国语境的旅行中，对当代中国的文化批判理论产生了不可忽视的影响，其原初理论也得到了更为复杂的阐释。

一、马尔库塞与当代中国的感性解放

在法兰克福学派的诸多代表人物当中，马尔库塞因作为西方 20 世纪 60 年代学生运动的精神领袖之一而享誉全世界。在思想解放的历史背景下，20 世纪 80 年代的中国掀起了新一轮"西学东渐"的高潮，"萨特热""弗洛伊德热""尼采热"就是其中涌现的几朵较大的浪花。虽然相比"萨特热""弗洛伊德热""尼采热"等文化热点，文化领域对马尔库塞的关注热度稍逊一筹，但是从传播领域来看，马尔库塞思想的传播范围要广泛得多，涉及美学、哲学、文学、心理学等多个领域。

以"萨特热"为例，"20 世纪 80 年代在场的是一个文学的萨特，而哲学的萨特往往处在话语交锋的晦暗不明的场域，虽然摆脱了 60 年代受批判的命运，但是往往受到马克思主义立场的研究者的排斥与指责"①。他们一般认为，文学的东西比较肤浅。比较之下，马尔库塞的传播领域则不局限于此，尽管被贴上"以资产阶级哲学流派的观点解释《手稿》"的标签，但是，马尔库塞对马克思《1844 年经济学哲学手稿》的最新阐释对中国的《手稿》研究和马克思主义研究的推进具有不可忽视的理论价值。研究者将马尔库塞看作是德国浪漫主义哲学传统的继承者，对其予以深入研究和关注。

此外，还要注意到，马尔库塞激进的左派形象与 20 世纪 80 年代的社会氛围有很大的契合性，这也导致在 80 年代文化领域中对马尔库塞的接受是一件比较容易的事情。在法兰克福学派的诸代表人物当中，马尔库塞的社会批判理论带有强烈的人文气息、浪漫主义和乌托邦色彩，他富有激情和感染力的写作和表达方式，对现代社会的批判成为 20 世纪 60 年代学生运动的精神食粮。这种学说与弥漫在 80 年代的文化氛围相契合。因为，中国的 80 年代是一个充满"责任感和激情的年代"，这种责任感和激情既与过去的革命年代相衔接，又憧憬着开辟未来。但是，又不能简单将马尔库塞的形象引入看作是对革命话语潜意识的追忆，因为其间还包含着复杂的知识话语论争。这需要我们认真厘清。

（一）人道主义论争下的审美革命理论

80 年代的知识话语论争要从人道主义论争谈起。在思想解放运动的历史背景下，展开了关于人道主义的争论。一些知识分子提出"人道主义的马克思主义"，强调用人道主义激活马克思主义，在社会主义建设中，要彰显人的价值维度。这种观点在中国现代性构建中是一股潜

---

① 王德领：《混血的生长：二十世纪八十年代（1976—1985）对西方现代派文学的接受》，中国社会科学出版社 2011 年版，第 85 页。

流，发挥着批判反思功能。在此背景下，以马尔库塞等为代表的西方马克思主义者对马克思主义的人道主义阐释自然是受到批判的，"这些西方学者不仅抹煞马克思早期理论和后期成熟的思想之间的区别，而且抹煞《手稿》所反映的人道主义思想同资产阶级人道主义的原则界限，用各种时髦的资产阶级哲学理论对《手稿》的思想加以曲解（西方对《手稿》的研究，有许多是西方一些重要哲学流派的重要哲学家），从而把《手稿》以及整个马克思主义改铸成为资产阶级也可以接受的东西"①。

所以，只是在"新启蒙运动"中，马尔库塞的感性审美革命理论才凸显出其意义。"新启蒙运动"的话语也不是同一的。李陀认为，"新启蒙运动"中"最激进、最核心的东西，是它想凭借'援西入中'，也就是凭借从'西方''拿过来'的新的'西学'话语来重新解释人，开辟一个新的论说人的语言空间，建立一套关于人的新的知识——这不仅要用一种新的语言来排斥、替代'阶级斗争'的论说，更重要的，还要通过建立一套关于人的新的知识来占有对人、对人和社会、历史关系的解释权"②。因而，在李陀看来，"新启蒙运动"将向西方"窃火"的手不约而同地都伸向了以康德为代表的古典主体性理论。汪晖也认为："这样的主体性概念建立在主体—客体二元论之上，洋溢着18—19世纪欧洲启蒙主义的乐观主义气息。"③与李陀、汪晖的观点相对照，王德领在其博士论文中认为："'新启蒙'最重要的部分是西方非理性主义思潮，这些思潮构成了'新启蒙'的底色，这也是为什么80年代对人性、人道主义讨论匆忙结束，转向20世初期至中叶流行于西方的非理性主义

---

① 复旦大学哲学系现代西方哲学研究室编译：《西方学者论〈一八四四年经济学—哲学手稿〉》，复旦大学出版社1983年版，第5页。

② 查建英：《八十年代：访谈录》，生活·读书·新知三联书店2006年版，第274页。

③ 汪晖：《当代中国的思想状况与现代性问题》，《文艺争鸣》1998年第6期。

思潮的内在原因:'新启蒙'本来就是由非理性主义思潮唱主角的。"①

人道主义论争在"新启蒙运动"中表现为"古典的自由主义伦理与激进的极端个人主义伦理的二元对立"②。这种二元对立的思维方式忽视了主体性概念本身的辩证特性。这也表明,马克思主义知识分子关于人道主义的论争并不为"新启蒙运动"的参与者所接受,他们认为这些讨论是没有意义的,而是要进入西学的最前沿中去。在此背景下,西方马克思主义阵营中马尔库塞的审美革命理论则是能被他们所接受的。马尔库塞结合弗洛伊德精神分析理论对马克思主义的重新阐释迎合了"新启蒙"主义者们对传统马克思主义知识话语的解构目的,同时也为他们建构一种新的理性与激情并存的主体理论提供了参考。刘小枫指出:"新马克思主义哲学则完全把审美摆在最高位置,美学成了人的哲学的终结。这里有一个重要的历史依据:填补由于对意识形态的摧毁性批判而带来的灵魂安寄处的空白。"③

(二)形式美学与文学界的现代主义运动反思

"新启蒙运动"中人道主义的论争与文学领域中关于现代派的论争纠缠在一起。马尔库塞的新感性审美革命理论不仅在"新启蒙运动"的人道主义论争中有自己的话语领地,而且是 80 年代文学领域从社会主义现实主义的创作模式向现代主义的创作模式变革的哲学基础。在 20 世纪 80 年代以西学为主的文化环境中,新一轮译介高潮的出现,使得中国文学界出现了一个颇具规模的现代主义运动。有研究者指出:"现

---

① 王德领:《混血的生长:二十世纪八十年代(1976—1985)对西方现代派文学的接受》,中国社会科学出版社 2011 年版,第 39 页。

② 汪晖:《当代中国的思想状况与现代性问题》,《文艺争鸣》1998 年第 6 期。

③ 刘小枫:《诗化哲学》,华东师范大学出版社 2007 年版,第 343 页。

代主义和后现代主义，而非现实主义在 80 年代的文化热衷是极其重要的。因为它们被卷入更大的抵制意识形态和中国化的战略之中，并被嵌入更为广阔的本土的和全球化的文化政治结构之中。"①

　　这是因为，在对西方现代派文学的接受中，一个热门的讨论话题就是艺术内容和形式的关系，到底是内容优先，还是形式优先？随着对社会主义现实主义"巴尔扎克式"创作模式的反叛和西方现代派资产阶级意识形态的剔除，80 年代文学从西方现代派文学中提取出了"形式"概念，将现代派的创作技巧移植到中国文学中来，并解决了如何接受现代派的难题。马尔库塞的形式美学对传统马克思主义美学的批评，及其对艺术的自律性、形式专制的强调对当时文学领域"以形式为创作焦点"的现代主义运动来说是一个重要理论资源。刘小枫即指出："艺术的自律性问题对文艺研究具有重大意义，艺术自成一个自足的系统，不应受意识形态的支配。艺术是超验的，自主的，而不是被决定的，受指导的。长期以来，我们习惯于从意识形态角度来规定艺术，解释文艺现象，结果造成了种种令人啼笑皆非的现象。"②

　　但是，随着形式优先的文学主张取得了话语权，也导致文学创作走向了一种技术主义倾向，至今还影响着文学创作。程光炜在对 80 年代文学现代派关于形式与内容论争的评述中，以马尔库塞的艺术形式理论为 80 年代的"形式热"作理论支持③，这种判断混淆了马尔库塞的艺术形式与技术主义取向的形式概念之间的区别，忽略了马尔库塞的形式概念所特有的批判内涵和深厚的人学基础。技术主义取向的形式概念以一种未经批

---

① Jing Wang, *High Culture Fever: Politics, Aesthetics and Ideology in Deng's China*, Berkely: University of California Press, 1996, p.4.

② 刘小枫：《诗化哲学》，华东师范大学出版社 2007 年版，第 342 页。

③ 程光炜：《文学讲稿："八十年代"作为方法》，北京大学出版社 2009 年版，第 210 页。

判的、通俗、浅薄的人道主义和人性论为哲学基础，很容易导致思想的苍白，也就不可能与传统的"主题先行"这类创作方法真正决裂。正如李陀所言："一种思潮，一种风气，绝不会戛然而止，至少会影响几代人，或者更久远。你只要留心考察一下九十年代以后的文学、电影、美术、戏剧，就可以看到八十年代的很多思想观念，像幽灵一样无处不在。"① 艺术作品思想的苍白与艺术形式的华丽之间的矛盾一直延续到今天。

80 年代这种未经批判的人道主义和人性论哲学基础未来得及进行深刻检讨，就在 90 年代社会主义市场经济的潮流中被继承下来，经过改头换面，在"欲望"的话语合法性中再次成为左右当代文学创作和理论研究的元素。喧嚣一时的"个人化写作""隐私写作""身体写作"等文学创作形式就是这种浅薄人性论的外在表现。张光芒指出："随着欲望话语合法性的确立，小叙事、民间叙事、非理性叙事等在冲击宏大叙事过程中所展现的'边缘与陌生'早已消弭殆尽，形形色色的个人化叙事成了消费意识形态新的宏大叙事。"②

（三）爱欲解放理论的误解与挪用潜力

在这种"欲望"获得合法性的过程中，马尔库塞以"爱欲"为基础的审美革命理论再一次赢得了中国接受者的关注，不少研究者都意图通过马尔库塞的爱欲解放理论为当代中国性观念的变革、女性获得自主寻找理论基础。"无论如何，要理解如今中国人在性观念变革上的理念基础。除了可以在英美女性主义那里找到部分的根源外，沿着这条弗洛伊

---

① 转引自查建英：《八十年代：访谈录》，生活·读书·新知三联书店 2006 年版，第 283 页。

② 张光芒：《从"启蒙辩证法"到"欲望辩证法"——20 世纪 90 年代以来中国文学与文化转型的哲学脉络》，《江海学刊》2005 年第 2 期。

德—法兰克福—中国学界—大众文化的线索，也能使我们获得一些新的洞见"①。如果稍加反思就会看出，将马尔库塞的爱欲解放理论看作是当代中国性观念变革与女性获得自主的理论基础是对原初理论和历史语境的双重误解。

从原初理论来看，西方关于"性革命"的理论讨论和实际运动几乎无关肉体。威廉·赖希是将弗洛伊德主义与马克思主义结合起来，提出"性革命"的思想先驱，在他看来，性革命之所以是革命的，不仅在于它能给人带来快乐，使人能实现自身，更重要的在于它开创了一个新世界，性革命是走向一个新社会的必经之路。这种学说提供了对消极扭曲的性观念进行批判的理论基础。

在 1964 年奥斯威辛审判之后，随着纳粹统治真相的相继公开，父辈们对既往历史的耐人寻味的缄默与隐瞒引发了年青一代的质疑，从而牵涉出了政治以外的其他问题。"这里所涉及的是那种不便言谈、需要忌讳、肮脏龌龊的话题。……在经济奇迹的背景下政治与性爱这两个领域遭受排斥，从而促使了这两股力量在 1968 年前后爆发的学生抗议活动中联合起来，并在象征意义上实现相互交融。"由此可见，"这种通过公开讨伐禁忌话题、有意识地打破缄默的做法，体现个人解放的成分较少，更多的则是社会政治批判"②。为这场运动提供重要理论依据的就是马尔库塞的爱欲解放理论。马尔库塞强调，心理范畴已变成政治范畴，使得社会从各种压迫性统治文化的强制中解放出来。

---

① 翟振明：《性爱与女性自主——中国新旧媒体中匿名的弗洛姆和马尔库塞》，见 [德] 阿梅龙、[德] 狄安涅、刘森林主编：《法兰克福学派在中国》，社会科学文献出版社 2011 年版，第 217 页。

② [德] 狄安涅：《革命与欲望——中国的"性解放"与法兰克福学派》，见 [德] 阿梅龙、[德] 狄安涅、刘森林主编：《法兰克福学派在中国》，社会科学文献出版社 2011 年版，第 203 页。

　　在爱欲解放的过程中，马尔库塞认为，女性将发挥一种激进的革命力量。"它不仅旨在在现存社会的职业和价值结构范围内求得平等（这种平等可能是一种丧失人性的平等），而且旨在变革这种结构本身（实现平等机遇、平等付酬和从繁忙的家务劳动与照管孩子中解放出来这些基本要求，则是一个前提）。"① 这为西方的女权主义运动奠定了理论基础。在实际行动上，"西方女权主义的追随者，顶着'穿工装的女人'的恶称，对所有时下流行的、媒体广泛宣传的美的标准嗤之以鼻，拒时装与化妆品于千里之外，以此来提高自身的魅力。"②

　　从历史语境来看，20 世纪 80 年代的思想意识在对"文革"压抑人性的历史进行反思的时候并没有建构一套精深的理性与感性和解的人性理论，而是在西学大量涌入的洪流下，发展出一套舶来的人道主义和人性论。在社会主义市场经济潮流的冲击下，这种粗糙、贫乏的人性论又转化为欲望的专制。理性尚未确立，欲望就倾盆而泻。当前中国的性解放缺乏深厚的人性论素养和批判内涵，而是被裹挟在国家政策和文化工业的双重主导下。伴随着道德约束的松动和文化工业在闲暇时间中的蔓延，性解放带来了一种马尔库塞所批判的"压抑性反升华"，即"用减少和削弱爱欲能量的方式解释性欲。在此过程中，性欲也会蔓延到先前被禁忌的领域和关系。但它不是根据快乐原则重建这些领域和关系，恰恰相反，是现实原则的势力范围扩大到了爱欲"③。在现实原则的主导

---

① 复旦大学哲学系现代西方哲学研究室编译：《西方学者论〈一八四四年经济学—哲学手稿〉》，复旦大学出版社 1983 年版，第 160 页。

② [德] 狄安涅：《革命与欲望——中国的"性解放"与法兰克福学派》，见 [德] 阿梅龙、[德] 狄安涅、刘森林主编：《法兰克福学派在中国》，社会科学文献出版社 2011 年版，第 213 页。

③ [美] 赫伯特·马尔库塞：《爱欲与文明——对弗洛伊德哲学思想的哲学探讨》，黄勇、薛民译，上海译文出版社 2008 年版，第 2 页。

下，女性也是以突出自身的女人味来赢得男人的赞赏和青睐。

当代中国感性解放的历史状况正是马尔库塞的爱欲解放理论所要予以批判的。这也是马尔库塞的爱欲解放理论在中国语境中将继续发挥文化批判的潜力所在。但是，在此过程中，我们应该首先建构一套与中国的文化传统和社会现实相匹配的哲学人性论，这是探讨当代中国感性解放的理论前提。

二、走出"阿多诺模式"的现代性反省

以阿多诺文化工业理论为代表的批判理论范式是当代中国大众文化批判的第一个范式，它秉持对大众文化全盘否定的立场和方法论，被称为"阿多诺模式"。这个范式在 20 世纪 90 年代初期到中期（1993—1996 年）传播广泛，形成研究热潮，一时间出现了"法兰克福学派热"的情形。但是，这个范式影响中国大众文化批判理论的时间并不长，很快就遇到了多方面的质疑与批判。总的看法是：阿多诺文化工业理论是一个高度语境化的产物，不能进行简单的移植套用。因此，知识界呼吁要走出"阿多诺模式"，在多重批判和反思中，经历了从文学到哲学、从现代化到现代性问题的深度思考过程。当代中国自由主义、后现代主义和马克思主义分别主张以批判、否定和反思的方式走出"阿多诺模式"。三者之间的现代性构思差异以及马克思主义在当代中国的优势和生命力也在反省过程中得到展现。通过现代性问题反映出的哲学形态的区别与互动以及在此过程中马克思主义指导地位的进一步巩固，是当代中国哲学发展的特色。

（一）从"历史的阿多诺"到"阿多诺模式"

在《启蒙辩证法——哲学断片》中，阿多诺首次提出了"文化工业"概念。文化工业既非民间文化，也非早期资本主义阶段具有反叛性的大众文化，而是资本主义社会进入垄断阶段之后大众文化的特殊形式，即工具理性同一性逻辑支配下的文化形态。阿多诺认为，文化工业之所以可能，是由于现代技术的力量以及经济与行政力量的一体化。技术的力量确保文化产品实现了标准化和可以机械复制的再生产，在这种标准化中，个性只有与普遍性达成一致才能得到容忍和交换。因而，标准化与伪个性化不过是互为补充的两个标签。以电影、广告、音乐为例，以技术为支撑的大众媒介变成了用于各种宣传的工具。总之，文化工业发挥了一种自上而下整合大众的虚假意识形态功能，是文化进步过程中走向其对立面的趋势之一。正如霍克海默和阿多诺所强调：1942 年着手写作的《启蒙辩证法——哲学断片》有着深深的"社会环境的烙印"，形成于欧洲法西斯主义极权统治之下，是高度语境化的产物。阿多诺对 20世纪三四十年代美国的社会文化现象进行分析正是为了揭示当时社会环境的主题。

《启蒙辩证法——哲学断片》1990 年被首次译成中文（《启蒙辩证法——哲学片断》，洪佩郁、蔺月峰译）。从时间节点来看，它传入中国的时间与大众文化在中国兴起的时间基本同步。从接受主体来看，"真正把批判理论范式引入中国大众文化（在当时主要指王朔的所谓'痞子文学'）批评并产生广泛影响的，应该是'人文精神'的倡导者"[①]。"人

---

① 陶东风：《研究大众文化与消费主义的三种范式及其西方资源——兼谈"日常生活的审美化"并答赵勇博士》，《河北学刊》2004 年第 5 期。

文精神"讨论是一场文学界内部的讨论，发端于 1993 年夏天，持续到
1996 年初。

一般而言，文学、艺术领域是表达情感的突破口，它们把情感的东
西提升为"人文"，因而也首先能够穿越语言、时间和空间的障碍进行
交流、吸收与融合。正是在"人文精神"讨论的背景下，在文艺理论的
学院研究中，阿多诺的文化工业理论成为当代中国大众文化批判的一个
基本范式：批判理论范式。

陶东风指出："首先使用这个范式的可能是我在 1993 年发表的《欲
望与沉沦——当代大众文化批判》……其主要观点可以概括为：大众文
化提供的是一种虚假满足并使人们丧失现实感与批判性；大众文化的文
本是贫困的（机械复制的、平面化的、没有深度的、缺乏独创性的）；
大众文化的观众（大众）是没有积极性批判性的，他们不能对于文本进
行积极的、选择性的阅读。这个对于大众文化的基本判断在后来的大众
文化批判理论中基本得到了延续。"① 这个范式被海外学者徐贲称为"阿
多诺模式"，特指"人文精神"讨论背景下当代中国大众文化批判的理
论范式。

徐贲从 1995 年起开始撰文对国内文艺批评领域的批判理论范式进
行反思。他认为这个范式缺乏历史眼光，"我国目前的一些大众文化批
评却恰恰把阿多诺的理论当作一个跨时代、跨社会的普遍性理论来运
用，把历史的阿多诺变成了阿多诺模式"② 。随即，陶东风也撰文对自己
先前的观点进行反思，提出了"历史错位说"，认为，由于历史阶段和

---

① 陶东风：《研究大众文化与消费主义的三种范式及其西方资源——兼谈"日常生活的
审美化"并答赵勇博士》，《河北学刊》2004 年第 5 期。
② 徐贲：《文化批评往何处去——八十年代末后的中国文化讨论》，吉林出版集团有限
责任公司 2011 年版，第 148、152 页。

境遇的差异，阿多诺的文化工业理论在中国的适用是有限度的。

"阿多诺模式"的接受高潮仅存在于 20 世纪 90 年代初到 90 年代中期近三年时间，在百余年西学东渐的历史长河中，可谓昙花一现。一个深层的原因在于它产生的语境——"人文精神"讨论。"人文精神"倡导者身上带有强烈的"八十年代"烙印，尤其与 20 世纪 80 年代以甘阳为代表的"文化：中国与世界"丛书编委会的思想取向内在一致。

甘阳在访谈中指出："法兰克福学派对文化工业的批判是我们其中的一个话语。"①"我认为整个编委会这样一个人文冲动，它的终结是王晓明他们那一场人文精神辩论。"②从根本上说，阿多诺文化工业理论是 80 年代"新启蒙运动"的一个最新，也是最后的"能指"。伴随着市场化进程和改革开放的加速，整个中国社会发生了深刻的变化——经济、政治问题成为最根本迫切的问题，知识分子逐渐实现了从"敌视"到"介入"，从启蒙精英主体到"有机知识分子"的角色转变。

走出"阿多诺模式"是通往新时期的一座桥。跨过了这座桥，一方面，开启了批判理论本土化的探索过程，以此为开端，每一位援引批判理论的人，都或多或少表现出本土化或中国化的诉求；另一方面，批判理论在中国的传播和接受从文学转向哲学，知识界在以各种立场批判"阿多诺模式"的过程中，关注焦点从文学转向哲学，从现代化转向现代性问题。"现代性与现代化是联系在一起的。现代化就是一个社会或者一种文明获得现代性的过程，现代性就是现代化的结果。"③既然当代中国的现代化是在特殊语境中展开的过程，那么，作为结果的现代性就

①　查建英：《八十年代：访谈录》，生活·读书·新知三联书店 2006 年版，第 226 页。

②　查建英：《八十年代：访谈录》，生活·读书·新知三联书店 2006 年版，第 231 页。

③　王晓升：《现代性、现代主义和后现代主义——概念的梳理》，《华中科技大学学报（社会科学版）》2017 年第 5 期。

必然拓宽了西方现代性的含义。因此，我们有待在独特的现代化经验基础上，反思并建构自己的现代性哲学。如果说文学诉诸情感的表达是多元文化吸收、沟通、融合的突破口，而哲学诉诸理性的思考，深入到人们世界观的内核处，是最难以融合的文化形式，因为每一方都固守一种理论正确，高于他人的优越意识，因而往往表现出针锋相对甚至彼此论争的特点。这种哲学论争自近代西学东渐以来接续不断，自由主义、后现代主义和马克思主义之间的现代性构思差异则是其当代性的体现。

（二）自由主义的批判与价值选择

首先对"阿多诺模式"进行批判的是持自由主义立场的知识分子。在徐贲走出"阿多诺模式"的反省基础上，陶东风在《批判理论与中国大众文化》一文中再次发挥了徐贲的观点。他指出："历史的错位决定了法兰克福批判理论无论在方法上还是在针对西方大众文化所得出的许多结论上，都与中国大众文化的实情极不吻合。"[1] 因为，中国的大众文化所产生的社会环境及其社会功能与法兰克福学派批判理论有极大差别，它的价值在于："具有消解一元的意识形态与一元的文化专制主义、推进政治与文化的多元化、民主化进程的积极历史意义"。[2] 相反，"由于法兰克福学派的意识形态批判理论是以法西斯德国的国家主义为经验基础与分析蓝本的，所以，它更适合于用来分析与批判中国'文革'时期的极左意识形态专制与群众文化（当然也要经过调整）。"[3] 因

---

[1]　刘军宁等编：《经济民主与经济自由》，生活·读书·新知三联书店1997年版，第292页。

[2]　刘军宁等编：《经济民主与经济自由》，生活·读书·新知三联书店1997年版，第291页。

[3]　陶东风：《批判理论的语境化与中国大众文化批评》，《中国社会科学》2000年第6期。

此，产生于 20 世纪 90 年代的中国大众文化不仅不能作为批判理论的批判对象，反而应被看作一种批判理论在中国语境中借以发挥作用的有效资源。

以徐贲和陶东风为代表的"历史错位说"很快成为一种基本认知框架，朱学勤、雷颐、徐友渔等学者纷纷撰文对法兰克福学派的大众文化批判理论进行批判，这就导致法兰克福学派在中国很快陷入"理论过剩"的危机。

朱学勤指出："世界上没有哪一个民族的现代转型是由几个知识分子关在书斋里搞文化工程设计，从'文化'里'开'出来的。沉溺于文化讨论，只能说明一个民族的知识分子面对另外两大板块尤其是制度层面的偷懒、无能与无奈。"① 以"文化批判"见长的法兰克福学派就是这种"文化决定论"思想的洋根源。所以他认为，当下，我们应该挤挤文化中的水分，立足于经验，具体地甚至是技术地解决现代转型过程中的问题。雷颐指出，阿多诺的文化工业理论"在中国的'横向移植'的后果便是使正在艰难催生的'现代制度'更加难产"②。徐友渔也指出，以法兰克福学派为代表的西方马克思主义通过"'文化解决根本问题'、'重价值理性、轻工具理性'，这两条和中国正大行其道的新儒家路向不谋而合。那边只谈异化，这边醉心于终极关怀，现实的、严峻的历史可能少有人顾及，制度革新和制度建设有无人问津之虞"③。

在这场论争中，对"阿多诺模式"的批判已经由文学话语转换为关于现代性的哲学话语。以徐贲、陶东风为代表的文艺理论者继续在文学话语内部寻找新的资源——以费斯克与布尔迪厄等人的英美文化研究理

---

① 朱学勤：《在文化的脂肪上搔痒》，《读书》1997 年第 11 期。

② 雷颐：《今天非常"法兰克福"》，《读书》1997 年第 12 期。

③ 徐友渔：《西方马克思主义在中国》，《读书》1998 年第 1 期。

论来批判和消解"阿多诺模式",而自由主义知识分子则将这种批判放在更为开阔和本质的层面上来思考。理论焦点从文学艺术转移到政治制度,从文化批判转移到现代性反省方面。

对于自由主义知识分子而言,当代中国的现代性哲学应是政治哲学、制度哲学和公共哲学,而不是文化哲学。如《公共论丛》在编辑旨趣中提到的:"中国文化欲回应现代性的挑战,不能仅以'船坚炮利'为能事已毕,也不能仍旧把'道'封闭在超越的形上领域之内。它同时意味着群己权界的调整,意味着学术的重点,要从'内圣'的道德本体移至'外王'的公共哲学上来。《公共论丛》将围绕市场经济在中国的发展,以探讨如何确立新的公共哲学为主题。"① 邓正来也提出:"在现代化基本问题的认定上,必须用国家—社会的二元观替代权威本位观。"② 因此,虽然 20 世纪末的自由主义者对大众文化的多元主义持拥抱态度,但是,他们反对相对主义,在现代性价值领域的诸神之战中,秉持着价值的坚守,认同自由、法治、私有产权、个人主义等自由主义的核心价值。

在他们看来,个人自由权利和经济自由主义是第一位的。但是,经济自由主义不是一个完整自足的理论建构,还需要一个深厚的政治哲学传统。因而,经济自由之上的政治哲学建构就尤为重要。兴起于 17—18 世纪英国和法国的古典政治经济学,就是以霍布斯、洛克、卢梭等近代政治哲学家提供的个人权利至上、私有财产神圣不可侵犯、人生而自由平等等现代价值观念为前提的。因此,20 世纪末的中国自由主义者坚持古典自由主义的理论路线,通过变革传统哲学的世界观,进行正

---

① 刘军宁等编:《经济民主与经济自由》,生活·读书·新知三联书店 1997 年版,第 361 页。
② 邓正来:《市民社会理论的研究》,中国政法大学出版社 2002 年版,第 21 页。

面立论，进而为以私有产权为基础的市场经济理论确立政治前提和人性前提。传统哲学的世界观既包括中国传统文化的世界观，还包括近代以来日趋占主导地位的马克思主义世界观，这两种世界观分别立足的是自给自足的自然经济和社会主义公有制经济。

古典自由主义世界观立足于英国经验论哲学。经验论认为，人的理性是一种有限理性，感觉经验是知识唯一可靠的来源，理性认识是抽象、间接、贫瘠的。在方法论上，重视感性经验的积累、反思、多元以及自然演变。在经济模式上，强调自由竞争，尊重自然的力量，进行温和的改良；在政治上，限制权威，"捆住国王的手"，培育一个健全自治的市民社会；在文化上，反对急躁冒进，持保守主义姿态，不低估或贬低传统文化的意义和价值。20世纪末的中国自由主义者对古典自由主义的世界观基本全面认同，尤其体现在对传统文化的态度上："重新诠释、转化和接引我民族固有传统，探寻和建立能够支撑政治民主、经济自由、文化腾达，物质与精神文明高度发达的公共哲学基础，从而避免走向离散而缺乏共识的社会。"① 这与19世纪末20世纪初中国进化论自由主义者的"全盘西化"文化观截然不同，而这种心态的转变正是中国现代化进程蓬勃发展的体现。

20世纪末中国的自由主义者是在世界多元文化冲突的背景下思考中国现代性问题的。因此，他们对现代性的诸价值分化有所反思，公平与效率、自由与秩序、传统与现代之间的冲突与兼容是他们思考的主题。但是，要真正实现这些价值的相互兼容，就不仅要从传统文化中汲取智慧，还必须超越自己的价值立场，以实践为导向和前提，以更开阔

---

① 刘军宁等编：《经济民主与经济自由》，生活·读书·新知三联书店1997年版，第362页。

的胸襟实现与后现代主义、马克思主义等的对话和互动。而 20 世纪末自由主义者以世界范围内实现现代化的"共性"逻辑为思想前提，他们基于个人主义价值观和西方经验的"优越感"，无法克服自身的先天不足，表现出"保守性"的特点。

（三）后现代主义的否定与激进尝试

除了自由主义，后现代主义对"阿多诺模式"的批判也值得注意。不同于自由主义经历了漫长的历史积淀，有其确定的基本内涵。后现代主义是 20 世纪中后期发达资本主义阶段产生的社会思潮，不仅指时间上后来，而且重在表达当代西方文化的基本精神：消解等级、本质、中心、意义和确定性等启蒙现代性的核心价值。有学者认为，后现代主义批判僵化、凝固化的现代精神，是要进一步对启蒙进行启蒙，因而是现代性的另一副面孔。也有学者认为，后现代主义是对现代性的反叛和价值颠覆，开创了一个崭新的哲学形态。这些争论表明，后现代主义作为一种社会思潮，还处在生成过程中，很难正面立论，形成确定性的内涵。从 20 世纪 80 年代开始传入中国，后现代主义就引起人们的兴趣；到 90 年代中后期，"后学"热兴起，代表性的有解构主义、后殖民主义等。在这个过程中，"阿多诺模式"遇到了来自后现代主义的批判和否定。

阿多诺的否定哲学对现代性持批判性的辩护和捍卫，导致阿多诺和后现代主义之间产生了纠葛。雷颐即指出："中国的'法兰克福'与中国的'后现代'、'后殖民'倒非常一致，甚至难分彼此。"[1] 这种看法有失偏颇。中国的"法兰克福"与中国的"后学"不仅不一致，而且还针

---

[1]　雷颐：《今天非常"法兰克福"》，《读书》1997 年第 12 期。

锋相对，尤其体现在如何看待新兴的大众文化问题上。后现代主义与当代中国大众文化有着天然的亲近缘分。后现代主义文化的根本特征是消解意义，因而人们在文化中追求的是享受和快乐，而不是崇高和克制。

当代中国的大众文化是区别于意识形态文化和精英文化的一种新的文化形态，是在以工业化为主导的现代化和市场经济条件下借助于大众传播媒介，由社会大众广泛参与文化创造的成果，在中国社会发展进程中具有重要的现实功能。新兴的大众文化刚刚出现就遭遇了来自以"阿多诺模式"为代表的精英文化的讨伐，亟须为自己找到一套阐释系统，进行价值提升，提供依据和标准。

自由主义者以"历史错位说"批判"阿多诺模式"，但是在一定程度上肯定了阿多诺文化工业理论的借鉴意义。中国的后现代主义则进一步指出，我们要拥抱大众文化，回应大众文化面临的挑战，就要消解、否定和走出"阿多诺模式"。因为，"阿多诺模式"与中国语境之间不仅存在时间上的错位，还存在空间上的隔绝，从而缺乏普适性。阿多诺的美学理论带有明显的欧洲中心论和优越感，即使是对移植欧洲文化的美国也保持着内在的拒绝和不屑。霍耐特指出："法兰克福学派的批判理论一直到学生运动时期在三重意义上都是一种深深的欧洲中心主义论说：只是指向欧洲的历史进程；只是以欧洲思想家为依托并将世界一部分的欧洲看成世界的全部。"[①] 所以，对中国的后现代主义而言，"法兰克福学派的大众文化理论揭示了法西斯统治下欧洲大众文化在三四十年代时期的状况，因而在政治意识形态上具有强烈的批判性价值，但它并不具有普适性意义。……在这种情况下，如果继续运用法兰克福学派

---

① [德] 霍耐特：《"法兰克福学派在中国"国际学术研讨会开幕致辞》，见 [德] 阿梅龙、[德] 狄安涅、刘森林主编：《法兰克福学派在中国》，社会科学文献出版社 2011 年版，第 213 页。

的大众文化观点来分析后现代文化精神和大众文化的关系，显然已经不合理了。"①

　　正是由于凸显了地域、空间的特殊性，中国的后现代主义对大众文化的这种辩护与自由主义者立意截然不同。中国的自由主义者以西方的古典自由主义现代性为理论蓝图，预先接受了世界范围内各个国家陆续走向现代化的"共性"逻辑，"阿多诺模式"与中国语境之间存在着时间的错位，因而暂不适用。中国的后现代主义包含着对西方启蒙现代性中普遍主义信念的批判和质疑，他们意在凸显"特殊"地域中的文化主体意识，因而欧洲中心论的"阿多诺模式"完全不适用中国语境。因此，后殖民主义是后现代主义的"后裔"，二者具有不可剥离的内在关联性。后殖民主义"将一种发生在西方内部的边缘对中心颠覆的后现代主义思潮，引入到世界范围内的东西方边缘对中心挑战的权力网络中，从而使西方后工业社会'现代性与后现代性'的文化逻辑之争，扩散成为全球化语境中'东方主义与西方主义'的政治权力关系之争，从而揭示宗主国与殖民地之间文化话语权力关系，以及有关种族主义、文化帝国主义霸权问题"②。

　　后殖民主义强调了文化的政治性和民族性，反对寻找艺术的真理性，而这正是阿多诺的美学理论极力追寻的。在后殖民主义文艺批评理论看来，张艺谋、陈凯歌早期电影的潜在观众不是中国人而是外国人，他们是以一种"东方化东方"的形象迎合西方社会。但是，他们认为："这并不意味着文化的失败，也不是一种惶惑无路的状态，而是在政治、经济诸方面转型的时刻中文化震荡的反应。这种趋势并不意味着文化从

---

①　金民卿：《后现代精神和中国大众文化发展》，《北京大学学报（哲学社会科学版）》2001 年第 2 期。

②　王岳川：《后现代殖民主义在中国》，首都师范大学出版社 2011 年版，第 16 页。

此失落，而是它本身走向多元选择中的新的多重可能的展示。在这种状况下，新的生机也已经出现了。"①

后现代主义思潮是对启蒙现代性的批判、否定，没有形成统一的哲学构建，但是逻辑上包含着向前现代的复归（回归传统）和超越现代的渴望（面向未来）这两个维度。因而，中国的后现代主义也包含现代性构建的哲学尝试，并不全然成为中国现代性构建的离心力量。比如，一种尝试是通过寻找古典传统，彰显文化主体意识的方式来构建中国现代性。"国学热"盛行是其在民间的体现，文化保守主义思潮兴起，后现代主义从"现代性"到"中华性"的话语建构是其在理论上的深刻反映。张颐武指出："中华性并不试图放弃和否定现代性中有价值的目标和追求。相反，中华性既是对古典性和现代性的双重继承，同时又是对古典性和现代性的双重超越。"②"中华性"尝试在"特色"主体意识和"共性"逻辑之上重新设计一套关于"现代"的观念和制度，"也就是说他们要放弃一系列得到长期的历史经验支持、被证明问题虽然多但却实际上却没有比之更好的观念和体制，而要完全重新设计一整套理论上'完美无缺'的观念和体制"③。因而，相比较自由主义现代性反省的保守性，后现代主义的这种尝试表现出抽象、激进的特点。

另一种尝试是通过重新诠释马克思主义的方式来超越启蒙现代性，构建中国现代性。马克思主义确立了新唯物主义的世界观，哲学变革中包含着鲜明的后现代意蕴。正是由于这种相关性，一些研究者将西方马

---

① 张法、张颐武、王一川：《从"现代性"到"中华性"——新知识型的探寻》，《文艺争鸣》1994 年第 2 期。

② 张法、张颐武、王一川：《从"现代性"到"中华性"——新知识型的探寻》，《文艺争鸣》1994 年第 2 期。

③ 雷颐：《今天非常"法兰克福"》，《读书》1997 年第 12 期。

克思主义中的"后学"资源以及尼采哲学、海德格尔哲学等现代西方哲学思想与马克思主义相嫁接,重新确证马克思主义的当代价值。女权主义的马克思主义、生态马克思主义、分析马克思主义等理论形态相继出现。在这种重新诠释中,使得马克思主义变得立体化起来,但也将马克思主义的总体性图景碎片化,导致各个理论之间互不了解,个人在总体性面前陷于孤立,虚无主义盛行,最终将马克思主义消融于现代西方哲学的"唯心主义高调"之中。

后现代主义对中国社会的文艺、哲学以及制度建设等均产生了不可低估的影响。对这种影响我们应该辩证看待。尽管后现代主义在当代中国现代性话语的构建中表现出抽象的乌托邦和唯心主义色彩,但其积极影响是占据主导地位的,它对思想批判性、反思性、多元化的启迪已经成为理论思考的前提。这表现在,在借鉴世界范围内的文明成果时,每一位援引外来理念的人,都强调其必须本土化、中国化,适应中国国情。

(四)马克思主义的反思与开放建构

在中国语境中,真正将现代性概念提出来并广泛使用和讨论是20世纪90年代以后的事情。"最早系统提出现代性并作为核心概念加以讨论的,是后学派和新左翼,时间在1994年左右。"[①]其中以1994年汪晖发表的《当代中国的思想状况与现代性问题》一文最具代表性。在现代性问题讨论的背景下,当代中国的马克思主义也反思了大众文化批判的"阿多诺模式"。他们认为,除了要认真对待法兰克福学派的语境化问题,更要深入理解法兰克福学派的思想实质。自由主义者将阿多诺的

---

① 许纪霖等:《启蒙的自我瓦解:1990年代以来中国思想文化界重大论争研究》,吉林出版集团有限责任公司2007年版,第21页。

文化工业理论看作是文化问题，在文化的脂肪上搔痒，对原初理论做了一个过窄的理论解读，"阿多诺模式"将阿多诺的文化工业理论做了一个过窄的理论解读，因为："他们共同的兴趣，与其说是所谓的大众文化批判，毋宁说是社会批判和理性重建，再概括一点，就是现代性批判。即使是阿多诺的那些有关大众文化的著作在很大程度上可以说也都是为他的理性批判和社会设计服务的。……我们或许首先应当把法兰克福学派的学说看作一种介于社会理论与哲学话语之间的批判理论，一种对待现代性的哲学立场，才能较为准确地把握其理论精髓和思想实质。"①

后现代主义在批判"阿多诺模式"时将其理性的底色也抹掉了；阿多诺的美学理论对现代性批判持一种理性的坚守和扬弃，并未在毫不妥协的批判中迷失方向。后现代主义反对本质主义的深度思考，讲究多元对话、协商策略和实践指向，这就容易将理论扁平化，缺乏批判性和超越性，从而导向世俗化、功利化和实用性；阿多诺的美学理论坚持随笔断片形式、晦涩难懂的写作风格，他认为这种风格本身就是对理论自我放逐的不妥协。所以，比起自由主义者和后现代主义者对原初理论不做深入理解的批判、否定和消解，马克思主义者强调要更好地发挥法兰克福学派在中国语境的历史效果，应该对原初理论有深入理解，而不是前提性的误解，首先理解理论的真理性主张，才能实现更好的相互理解，发挥理论的巨大潜力，因而在对"阿多诺模式"的批判态度和思考方向上更加理性、务实、致远。

既然法兰克福学派的社会批判理论实质是一种对待现代性的理性批判立场，我们对法兰克福学派的研究重点就应该有所转移，从美学、艺

---

① 曹卫东:《法兰克福学派的历史效果》,《读书》1997 年第 11 期。

术转移到认识论、方法论、政治历史哲学方面，从阿多诺、马尔库塞转移到霍克海默、哈贝马斯。20世纪末的"哈贝马斯热"就是这种转移的体现，也是走出"阿多诺模式"的直接反应。曹卫东指出："无论人们对他（指哈贝马斯——引者注）的马克思主义立场持何种态度，他所创立的以马克思主义为基本趋向的社会理论和文化现代性理论体系都是当今世界上颇具特色，也颇为重要的思想体系之一，值得我们做深入细致的批判研究。"① 作为一位"富于批判精神的马克思主义者"，哈贝马斯开始受到中国知识界的热捧。② 此外，相比较"阿多诺模式"不加反思的横向移植，"哈贝马斯热"中沉淀了理性批判的声音，尤其以2001年哈贝马斯的访华之旅为起点，人们对其表现出的暧昧不明的马克思主义立场表示失望，对其理论批判性的借鉴成为研究的基本前提。

毛泽东在《矛盾论》中深刻指出："这一共性个性、绝对相对的道理，是关于事物矛盾的问题的精髓，不懂得它，就等于抛弃了辩证法。"③ 个性与共性的辩证法，在方法论上要求在保持特色、立场与追求共性、包容之间寻求对立统一。正是在这种既保持立场，又开放互鉴，"特色"与"共性"交相作用的辩证格局中，马克思主义在中国现代化的历史进程中不断开辟出新境界。进入21世纪，马克思主义研究者普遍意识到，关于现代性问题的讨论，将成为马克思主义实现纵深发展的新的生长

---

① 曹卫东：《交往理性与诗学话语》，天津社会科学院出版社2001年版，第2页。

② 在中国知网以"哈贝马斯"为"主题"进行检索：20世纪80年代，以1989年13篇为最高；20世纪90年代中后期呈直线上升趋势，以1999年68篇为最高；进入21世纪，每年发表量均为数百篇，其中以2012年456篇为最高。而同样以"阿多诺"为"主题"进行检索，从20世纪90年代中后期开始，发表文献量同期均明显低于哈贝马斯。

③ 《毛泽东选集》第一卷，人民出版社1991年版，第320页。

点。贺来指出:"现代性的课题,构成了马克思哲学的基本关怀,正是通过对这一课题的研究,马克思为我们提供了一种对人的现实命运进行理性批判和人文眷注的全新哲学形态。"① 实现中华民族伟大复兴,重获主体性与主体意识是近代以来中国现代性构建的根本主题。

伴随着"世界历史"的形成,中国的"特色"主体意识不再是内在完满自生的,而是在融入以资本主义为主导的全球体系中形成和彰显的。当代中国马克思主义深刻意识到,现代性构建要以坚守立场为前提,保持理论的开放包容性,吸收世界文明成果,才能获得新的生命力,这里就包括与西方现代性的主流思潮——自由主义的对话互动。马克思主义或者社会主义与自由主义的对话与互动在世界范围内的法国、英国、德国、俄国、美国等国家一直存在②,在 20 世纪初的中国,体现在自由主义者胡适与马克思主义者李大钊带有世界观和方法论色彩的"问题与主义的论战"之中;在 20 世纪与 21 世纪之交,则体现在关于社会形态、制度安排和价值观的顶层设计讨论之中,在保持马克思主义的立场前提下,积极实现与自由主义的对话互动,"社会主义初级阶段""社会主义市场经济""社会主义核心价值观"是对其扬弃的智慧成果。

当代中国的马克思主义还将自己置身西方现代化道路合法化危机的历史背景中来思考现代性问题,对"反现代性"的后现代主义思潮予以认真对待和消化,反思了马克思主义中国化进程中面临的教条主义、独断主义、绝对主义、整体主义、官僚主义、实用主义的风险与挑战,掀起了"回到马克思""走近马克思""走进马克思""发展马克思"的讨论热潮,守正创新,从而突破了苏联经典教科书的理论框架制约,实现

① 贺来:《马克思哲学与"现代性"课题》,《吉林大学社会科学学报》2000 年第 3 期。
② 参见朱高正:《自由主义与社会主义的对立与互动》,《中国社会科学》1999 年第 6 期。

了马克思主义的创新性发展。

这些创新性发展，在哲学层面体现为："（1）凸显了'主体性''实践''人化自然'等理论元素的地位，产生了以'实践唯物主义'为代表的一系列学术成果。（2）全面深化了马克思主义哲学对于人类社会发展、社会形态演进的规律性和复杂性，特别是对于资本主义和社会主义阶段的性质、条件和任务的认识。……（3）形成了马克思主义哲学的学科谱系……也广泛参与到经济哲学、科技哲学、社会哲学、文化哲学等学科交叉的发展和建设中，密切关切社会生活现实，对现实热点难点问题发出马克思主义应有的声音，在对马克思主义本身的理解过程中，接触、吸收和深化了文献考据、语义分析、文本诠释的理论成果和方法论路径。（4）马克思主义哲学还广泛地与古今中西，特别是与西方发达国家的哲学思想进行学术对话，思考现实和思想本身，在其中积极主动地'出场'，多角度地进行交换和比较，进行砥砺和切磋。"① 这些成果以实践为导向，既致力于吸收自由主义、后现代主义以及其他理论资源，同时又自觉与它们抗衡，在"特色"与"共性"的辩证法中，创造性发展了马克思主义，进一步强化了人们对马克思主义的学理和信仰认同。

马克思主义有鲜明的特色主体意识和普遍性的全球视野，是人民性、科学性与革命性的统一。其中，革命性是它的生命要素。革命性既指唯物史观、群众史观视野下的社会革命，还包括理论的自我革命、自我扬弃、包纳他人视野、知识和观点的态度。正是通过这样的态度和方式，马克思主义才能不断克服自己的局限，变得坚定和丰富起来。因

---

① 陈学明、马拥军、罗骞、姜国敏：《论新时期中国学界理解马克思主义哲学的三种路向》，《学术月刊》2017 年第 3 期。

此，批判与革命是马克思主义特色主体意识的内核，也是其科学精神和全球视野的真谛。

当代中国的马克思主义正是带着这种特色主体意识参与到现代性问题的讨论中来，又在关于现代性的讨论中确证并强化了特色主体意识，这也是其超越自由主义的"保守性"和后现代主义的"激进性"，保持理论优势的内在要素，对于我们深刻理解马克思主义的当代价值以及今天世界范围内的文明交流互鉴具有世界观和方法论的指导意义。

三、文化现代性批判理论与当代中国的文化建设

从 20 世纪 70 年代末开始，法兰克福学派文化现代性批判的理论资源在中国先后被引入不同立场的现代性话语建构中去。但是，追求现代性与批判现代性、中国与西方是当代中国知识群体与法兰克福学派之间理论旨趣的根本差异。接受文化现代性批判理论的世界观缺陷，关键在于面向当代中国实践，启迪未来，以一种审慎批判、学以致用的态度，思考对新时代文化建设的启示。

（一）文化及其社会功能辨析

在社会主义市场经济语境下，文化与资本的关联越来越密切，文化资本已经成为社会再生产的一个有机组成部分。作为资本的文化（商品文化）与马克思主义、中华传统文化共同构成了当代中国现代性构建的文化生态。在这种文化生态中，怎样推进文化现代性，诸种价值领域的文化形态如何发挥其社会功能，都是当代中国的文化建设亟待解决的问题。

关于文化的内涵，马克思有较为宽泛的理解。根据研究者的考察，马克思"对文化的基本观点是通过'文明'、'文学'、'艺术'、'观念'、

'思想'、'精神生产'、'精神生活'、'意识形态'等概念来阐发的"①。马克思在文化价值领域分化的前提上来阐述唯物主义的文化观，他首先认为，文化主要包括宗教、家庭、国家、法、道德、科学、艺术等领域的内容。但是，马克思认为关于这些文化史、观念史的研究具有非现实性。因此，马克思并没有深入考察这些价值领域的分化，而是指出："宗教、家庭、国家、法、道德、科学、艺术等等，都不过是生产的一些特殊的方式，并且受生产的普遍规律的支配。"②恩格斯在马克思墓前的讲话中也提出："人们首先必须吃、喝、住、穿，然后才能从事政治、科学、艺术、宗教等等"③。

由此可见，马克思认为文化最根本的特点就是，它是立足于一定的经济基础之上，并受经济基础决定的上层建筑。所以，现实性是马克思主义文化观的根本特点，现实性原则是马克思主义文艺理论的基本原则。但是，在唯物史观的理论框架中，马克思还考察了文化与经济基础的辩证关系，即文化所特有的相对独立性。这种相对独立性表现在两个方面：一是文化与经济基础的变革不是同步的，它总是发生着"或快或慢"的变化，而且文化的不同领域之间所发生变化的进程是不同的。二是文化与物质生产的不平衡性，例如物质生产的发展同艺术发展的不平衡关系。马克思在《〈政治经济学批判〉导言》中指出："关于艺术，大家知道，它的一定的繁盛时期决不是同社会的一般发展成比例的，因而也决不是同仿佛是社会组织的骨骼的物质基础的一般发展成比例的。例如，拿希腊人或莎士比亚同现代人相比。"④马克思以古希腊的神话和

---

① 孙代尧、何海根：《马克思恩格斯的文化观及其当代价值》，《理论学刊》2011 年第 7 期。
② 《马克思恩格斯全集》第 3 卷，人民出版社 2002 年版，第 298 页。
③ 《马克思恩格斯选集》第 3 卷，人民出版社 2012 年版，第 1002 页。
④ 《马克思恩格斯选集》第 2 卷，人民出版社 2012 年版，第 710 页。

史诗为例来证明这种不平衡性。

理解古希腊的神话和史诗同一定的社会发展形式结合在一起这一点并不困难，难题是"它们何以仍然能够给我们以艺术享受，而且就某方面说还是一种规范和高不可及的范本"①。即如何"解释这种超越社会内容和形式，并给艺术以普遍性的那些东西是什么"②？马克思的最终解释是"他们的艺术对我们所产生的魅力，同这种艺术在其中生长的那个不发达的社会阶段并不矛盾。这种艺术倒是这个社会阶段的结果，并且是同这种艺术在其中产生而且只能在其中产生的那些未成熟的社会条件永远不能复返这一点分不开的"③。而这些古代艺术的消失则源于现代艺术生产对古典艺术的破坏。"当艺术生产一旦作为艺术生产出现，它们就再不能以那种在世界史上划时代的、古典的形式创造出来；因此，在艺术本身的领域内，某些有重大意义的艺术形式只有在艺术发展的不发达阶段上才是可能的。"④马克思关注并提出了文化的独立性问题，但是他并没有深入探讨这种基于现代机器大工业生产基础上的文化生产对现代文化所带来的影响及其对无产阶级夺取文化领导权的腐蚀。

马尔库塞认为："马克思在《〈政治经济学批判〉导言》结尾时所说的话，无甚说服力。人们简直不可能把古希腊艺术在今天对我们的吸引，解释为我们取乐于'人类童年'的展示。"⑤马尔库塞坚持艺术的自律性与社会性、形式与内容的统一，而且艺术的社会性以艺术的自律性

① 《马克思恩格斯选集》第2卷，人民出版社2012年版，第711页。
② ［美］赫伯特·马尔库塞:《审美之维》，李小兵译，广西师范大学出版社2001年版，第201页。
③ 《马克思恩格斯选集》第2卷，人民出版社2012年版，第712页。
④ 《马克思恩格斯选集》第2卷，人民出版社2012年版，第710页。
⑤ ［美］赫伯特·马尔库塞:《审美之维》，李小兵译，广西师范大学出版社2001年版，第201页。

和审美形式为前提。所以，马尔库塞认为，从构成每个作品历史背景的特定生产关系的方式出发不能回答关于一个特定作品的真、善、美问题。相反，"艺术的普遍性，不以特定阶级的世界或世界观为依据，因为，艺术要揭示的是一种具体的普遍性，即展示出人性。这种具体的普遍性是任何特定阶级，即使无产阶级（马克思的'普遍阶级'）都不能独自构成的。艺术中表现的快乐与忧伤、成功与绝望、爱欲与死欲，这些东西之间无穷的纠缠，不可能皆归结为阶级斗争的问题"①。正是基于艺术对具体的人性的观照，所以，以艺术为典型的文化具有对现存"经济基础"的超越关系。在此基础上，以马尔库塞为代表的早期法兰克福学派批判理论家们将马克思的政治经济学改写为艺术政治学，从而极大提高了文化在社会结构中的地位，并凸显了其批判的功能。

哈贝马斯认为，马克思的唯物史观以异化的工业劳动和阶级斗争作为自己的出发点，而没有预先为日常生活实践安排一个合理的位置，因此在日常生活实践中出现了将哲学的理性内涵安排进一种获得解放的社会生活方式之中的企图。法兰克福学派早期批判理论家从已经获得独立的审美现代性中获得其文化批判的标准，但是，他们低估了文化现代性的合理内容，没有看到审美现代性不过是资产阶级文化现代性的合理内容中一个激进的组成部分。哈贝马斯积极肯定资本主义社会所取得的文化成就。例如，坚持捍卫启蒙运动的文化规划，反对种种形式的保守主义。另一方面，不同于马克思的社会结构理论中文化对经济基础的依附，哈贝马斯认为，在系统向生活世界殖民的过程中，生活世界所具有的批判理性潜能可以对抗系统主宰的社会现代化进程，于是，生活世界

① [美]赫伯特·马尔库塞：《审美之维》，李小兵译，广西师范大学出版社2001年版，第202页。

合理化过程中的"文化现代性"又作为"社会现代化"的对举概念而出现。由此可见，马克思的研究重心经历了从意识形态批判向政治经济批判的转移，法兰克福学派则走向了一条相反的道路，整个重心从根本上转向了文化，这也意味着其理论的学术性增强，群众性和实践性淡化。

（二）新时代文化建设要坚持辩证思维

摆脱 20 世纪 80 年代对西方理论的盲目崇拜与移植心理是 21 世纪，尤其是新时代以来中国文化研究的趋势。随着综合国力的提升和中国特色社会主义道路的确立，坚持以马克思主义为指导，坚守中华文化立场而坚定文化自信成为事关中华民族伟大复兴的重大问题。"坚定文化自信，是事关国运兴衰、事关文化安全、事关民族精神独立性的大问题。"[①] 相应地，人们不再以形而上学的否定观看待传统文化，不再追问中华传统文化的劣势、缺陷和不足，而是彰显它的整体性强势、优点和独特性。此时，寻找传统不仅是一个来自民间的现象，而且在我国学术界、教育界有了深刻的反应，更是在我们的意识形态建设当中也体现出来。因此，新时代文化建设要以马克思主义世界观和方法论为指导，妥善化解文化民族主义与文化现代性、中华传统文化与西方文化之间的矛盾，从而发展民族的科学的大众的社会主义文化，推动社会主义精神文明和物质文明协调发展。

自从现代化运动在欧洲诞生以来，一直存在着一种持续的、世界范围的对现代化加以批判的思潮，"现代化及与其同时存在的反现代化批判，将以这个二重性的模式永远地持续到将来。"[②] 而且，这种世界范围

---

① 《习近平谈治国理政》第二卷，外文出版社 2017 年版，第 349 页。
② ［美］艾恺：《世界范围内的反现代化思潮——论文化守成主义》，贵州人民出版社 1991 年版，第 235 页。

内、持续的对现代化加以批判的思潮"存在基本上相似的内容，不管批评者个人来自怎样的文化背景或国家"①。这种相似的内容体现在，它们是建立在一套反映了现代与传统社会种种异点的二分概念之上的，"二分的一端代表了论者心所向往的价值，另一边则不是他反对的，就是他痛恨的。后者同时是现代化过程的逻辑结果，也是所有社会经历任何程度现代化的实际经验结果。"②

艾恺指出，在任何文化或国家，只要是它面对现代化的民族国家的军事力量与经济优势，而被迫自卫向外做文化引进时，这种文化民族主义倾向不可避免地就要发生。③而文化现代性的诉求也是任何文化或国家在面对现代化的话语优势时，不可避免地会作出的一种反应，从五四时期的"全盘西化"到80年代"文化热"的落脚点都是要获得文化现代性，认为文化现代性是实现社会现代化的先导。这两种不可避免的现象进一步表明，文化民族主义与文化现代化之间的矛盾、冲突是非西方国家、落后国家以及社会主义国家在面对西方资本主义主导的现代化时不可避免要发生的冲突。因此，作为非西方的中国特色社会主义国家如何调和这些矛盾、冲突是文化现代性构建的重要内容。

总体来看，一般的文化民族主义并不是真的反对现代化，虽然它们都强调本国文化的独特性及其文化精神的优越性，但同时也提倡从现代文化中作出有选择的引借，并对传统文化进行创造性转化和创新性发展。其中充满讽刺的是借用西方反现代化的主张（例如后殖民主义）以

---

① ［美］艾恺：《世界范围内的反现代化思潮——论文化守成主义》，贵州人民出版社1991年版，第227页。

② ［美］艾恺：《世界范围内的反现代化思潮——论文化守成主义》，贵州人民出版社1991年版，第85页。

③ ［美］艾恺：《世界范围内的反现代化思潮——论文化守成主义》，贵州人民出版社1991年版，第224页。

攻击西方的这种引借。艾恺指出："这个公式隐含的结果是：本土文化因之具备了现代化控制自然的装备，同时也保有着其原有的高超精神性。"①同样，文化现代性也并不意味着以西方为模板，与传统文化的决裂，其各个主张之间的内在矛盾在 80 年代"文化热"中表现得最为充分，如本书第二章所述，弘扬西方科学精神、弘扬西方浪漫派人文主义以及对传统文化进行创造性转化，构成了文化现代性的复杂维度和内在冲突。所以，新时代文化民族主义和文化现代性之间的矛盾存在着由此及彼转化的桥梁和中介——马克思主义。

经过 20 世纪 70 年代末 80 年代初的思想解放运动，马克思主义从传统封建主义文化的裹挟下解放出来，成为中国社会主义现代化的主导意识形态。与近代中国历史上的文化民族主义思潮不同的是，新时代传统文化的复兴之所以能成为新世纪最主要的文化成就之一，原因在于其与中华民族伟大复兴的历史使命，与社会主义核心价值观的高度契合，因而能够为意识形态所吸收，并予以创造性转化和创新性发展。"马克思主义与中国传统文化的这种亲和性，是中国人在各种西方政治思潮中选择马克思主义的一个潜在的无意识的原因，因为中国人是带着传统文化的深深烙印向西方学习的。"②

但是，新时代推进中华传统文化的创造性转化和创新性发展，并不能再简单地探寻马克思主义与中华优秀传统文化的亲和性，而是要在马克思主义主导下，探寻传统文化如何经过创造性转化，获得一种文化现代性的内涵。中华优秀传统文化不能局限于一种"原始的完满"，而要

① [美] 艾恺：《世界范围内的反现代化思潮——论文化守成主义》，贵州人民出版社1991 年版，第 225 页。

② 张太原：《从马克思主义与中国传统文化的亲和性看反封建的未竟任务》，《理论动态》2013 年第 24 期。

进行现代转型，在现代文化诸价值领域中获得自律的同时发挥其批判、规范功能。

这也表明，新时代文化建设不仅包括客观的科学、普遍性的道德和法律、自主的艺术与文化精神等诸因素的分离及自律，也包括马克思主义、中华优秀传统文化以及现代西方文化等文化形态的分离、自律及互动。马克思主义是中国特色社会主义现代化建设的主导意识形态，以人民为中心的创作导向是社会主义文化建设的基本遵循。不坚持以马克思主义为指导，文化建设就会失去灵魂、迷失方向。以马克思主义为指导不是要独尊一家，排斥其他，马克思主义坚持一种"世界历史"的视野和"开放融合"的文明观，以兼容并蓄的态度对待文化的融合，在发展社会主义文化的基础上，通过科学精神来塑造以人民为本位的文化的理性品质，从而为社会主义的政治建设、经济建设提供健康理性的文化心理保障。

同时，文化发展与物质生产发展具有不平衡性，恩格斯曾将德国文化看作经济落后国家演奏的"第一手小提琴"的代表，这表明对于社会主义的中国而言，中华优秀传统文化具有实现"先导"的可能性。因此，积极对中国的传统文化进行创造性转化，充分发挥其深厚的人文精神与现代技术理性文化的互补、对抗潜能，将中国的现代化建设提升到一个较高的品质上来，是中国特色社会主义文化建设的更高要求。

总之，在中国特色社会主义语境内讨论文化现代性问题，既要首先从广义上推进文化诸价值领域获得充分自律，并发挥文化现代性，尤其是道德、艺术、文化精神的批判潜能，又要从狭义上推进社会主义先进文化、中华优秀传统文化和现代西方文化的综合创新，建构人民本位、科学理性和人文精神有机统一的中国特色社会主义文化内核。这种狭义上的文化内核是广义上文化诸价值领域获得充分自律，实现良性互动，并发挥引领作用的基本前提。

结　语

　　构建现代性是当代中国理论界的根本主题。从本质上看，没有与西方的现代性截然不同的中国现代性。中国的现代性也包含建构与批判、共时与历时的内在矛盾，包括市场经济、科学技术、民主政治、文化多元等方面的内容。但是，由于历史传统、文化积淀和基本国情的特殊性，中国的现代性构建具有矛盾特殊性。2013 年 8 月 19 日，习近平总书记在全国宣传思想工作会议上指出："独特的文化传统，独特的历史命运，独特的基本国情，注定了我们必然要走适合自己特点的发展道路。对我国传统文化，对国外的东西，要坚持古为今用、洋为中用，去粗取精、去伪存真，经过科学的扬弃后使之为我所用。"① 这表明，发挥中国文化的自主性因素越来越成为当代中国现代性构建的内在要求。但是，传统文化不是凝固不变的，而要经过创造性转化和创新性发展，才能与时俱进。因此，当代中国的现代性构建涉及的是一个传统与现代、中国与世界、社会主义与资本主义之间文化交流、交往的过程。

　　随着中国特色社会主义的认同越来越立足于中国传统、中国现实和中国经验基础之上，这就要求以自身经验为基础的理论既要具备客观理

---

① 《习近平谈治国理政》第一卷，外文出版社 2018 年版，第 156 页。

性的统一筹划力量，又要具备深刻的理性反思、批判能力。对于经传统文化培育的中国人，现代性反思、批判思维的养成需要一个漫长的过程。因而，对西方批判理论的接受将是一个必要的中介。

这种基于批判思维的理论借鉴既要保持多元开放，又要保持特色立场，才能为中国现代性构建提供富有价值的理论滋养。自由主义立足于经验主义哲学，强调现代性的"自反性"，但是由于在经验中抹去了情感的色彩，客观理性的辩证本性异化为工具理性，具有导向实证主义形而上学的危险。因此，继承马克思主义的批判传统，对资本主义现代性展开批判的法兰克福学派社会批判理论一直是当代中国知识分子钟爱的理论选择。综合来看，从1978年至今，法兰克福学派的现代性批判理论先后在人学建构、启蒙反思、科学理性和文化现代性四个方面对当代中国现代性构建具有直接理论和现实意义。

首先，在人学建构方面，法兰克福学派将早期西方马克思主义中隐蔽的人学逻辑加以拓展和深化，形成了"综合性的人学观"。这种"综合性的人学观"以马克思的"社会关系的人"的理论为其基本底色，对以人的意识为主要研究对象的传统人学进行了批判和补充，深入探讨了潜意识在人的行为和社会文明中的功能，丰富了马克思主义关于人和社会的学说，在此基础上形成了一种"革命新理论"。此外，哈贝马斯将传统人学所理解的个人的凝固不变的"自然理性"的本质，创造性地转化为个体之间所共有的"交往理性"，并赋予人学理论更为具体的内容。经过两代批判理论家的努力，法兰克福学派形成了一套兼具理性与感性、社会性与个体性、建构与批判内在结合的主体性理论。这种"综合性的人学观"对于当代中国以人为本的主体性建构具有重要的启迪意义。

以人为本价值理念的提出标志着当代中国主体性原则的确立。它一方面克服了古典人本主义和极端个人主义的冲突，在马克思主义"社会性的人"的理论基础之上，将人放置在具体历史条件中考察，提出经济社会发展与人的发展相统一的科学发展理念，以促进人的生活方式、行为方式等朝着合理性的方向发展。另一方面，又克服了主体—客体二分的模式，在中国语境中批判主体理性对客体理性、工具理性对价值理性的统治，彰显自然和人的意义维度。以人为本不能仅仅被理解为社会主义现代化建设的意识形态，关键应重视其价值意蕴和批判内涵，这是当代中国现代性不断生成的内在要求。

其次，对启蒙的反思和重新开启是法兰克福学派的根本问题意识。霍克海默和阿多诺将启蒙概念扩展为人类文化史中的一个范畴，从而将启蒙的时间界限从启蒙运动时期向前追溯到西方文明的源头，将启蒙的理论视野从人的精神解放层面延伸至人类解放的自然基础层面。哈贝马斯认为，霍克海默和阿多诺对启蒙的工具理性批判简化了文化现代性的图景。他以交往理性为基础，试图通过调动文化现代性多方面的有效资源，发挥理性的潜能。法兰克福学派的启蒙哲学包含着对待启蒙的复杂态度和丰富思考，为我们思考当代中国现代性构建中的启蒙问题提供了一个重要的理论参考。

中国的 80 年代"新启蒙"与法兰克福学派是在相似的历史语境下，对自身传统所进行的意识形态批判。80 年代"新启蒙"的三个"文化典型"都旨在通过赋予文化以优先权，通过对西方的科学理性、人文主义思潮或者马克思主义等一些特定理论命题的运用，对萦绕在中国人思想中几千年的封建主义神话进行意识形态的批判，从而在中国的语境中继续把启蒙推向前进。如果说 20 世纪 80 年代的主题是启蒙的话，那么 90 年代的主题就转为反思启蒙。知识分子在反思启蒙的过程中，结合自身的利益代表、知识结构和目标诉求等分化出了三种对待启蒙的态度。然而，从本质上看，他们的思想预设仍旧是启蒙主义的立场，以突出某种价值反对另一种价值。当前，全面深化改革需要观念的革新。但是，观念的革新要以改革共识为前提，因此，就不可能采取以知识分子为主导的单向度革新观念模式。因为，共识不是由一方设定的，而是利益主体之间共同认可的产物。所以，在当代中国语境中，哈贝马斯通过重建交往理性的启蒙方案，对于探索确立知识分子共同的底线，形成社会共识意义重大。

再次，技术理性批判是法兰克福学派现代性批判至关重要的批判视角。因为，这不仅涉及现代性自我确证的理性基础，还关涉到资产阶级统治的合法性基础。技术理性通过剥夺传统的神话和形而上学的合法性，使得合法性的传统形式瓦解，科学技术成为维护资产阶级统治的最新意识形态。这种技术理性批判是资本在意识形态上表现为抽象理性和主体性的进一步发展。

法兰克福学派的技术理性批判思想对于思考中国语境内科学技术在多大程度上与经济和社会的发展状况联系在一起，推动中国实现科学发展，推进政治合理性具有重要意义。从现代化运动的历史经验来看，科学技术的发展为现代民主制度确立了基本的前提。所以，要坚持走中国特色社会主义政治发展道路，推进人民民主，就要对政治合理性赖以生存的科学理性予以重视、弘扬，并进行自己的规范性建构。同时，要健全协商民主的民主形式，就要确立协商的理性基础：反思工具化的科学理性，建构交往理性，培育科学理性，提升传统文化，妥善处理二者的关系。

最后，文化现代性与社会现代化相对抗，是法兰克福学派思想家试图重建现代性的致思方向。法兰克福学派的老一代批判理论家一方面继续推进艺术的自律性原则，以高雅文化对抗大众文化；另一方面又强调艺术的政治内涵和救赎功能，在审美现代性基础上，提出了独具特色的

"形式美学"。哈贝马斯则试图调动文化现代性的多层面有效资源，为重建现代性寻找必要的文化资源和精神支持。

法兰克福学派以批判为特征的文艺理论在中国语境中所获得的声名先后来自三个方面：一是马尔库塞的感性审美革命理论；二是阿多诺的文化工业理论；三是哈贝马斯的文化现代性理论。这三重维度对于思考当代中国的感性解放、大众文化及文化在中国现代性构建中的地位、功能具有现实意义。当前，在努力实现中华民族伟大复兴的历史背景下讨论文化现代性问题，既要坚持辩证思维，又要直面民族传统文化的特殊性，而不是世界文化的普遍性。我们既要首先从广义上推进文化诸价值领域获得充分自律，并发挥道德、艺术等的批判潜能，又要从狭义上推进社会主义先进主义、中华优秀传统文化和现代西方文化的综合创新，建构人民本位、科学理性和人文精神有机统一的中国特色社会主义的文化内核。

总之，从人学建构、启蒙反思、科学理性和文化现代性四个方面展开的对法兰克福学派社会批判理论在中国的批判考察，既梳理并确证了法兰克福学派在中国的理论旅行过程和历史效果，同时也探讨了其对中国现代性构建的积极意义。但是，如何在分析的基础上进行综合，从中凝结出更为普遍、实质性的理论内核，构建中国现代性的批判理论形态，实现批判理论的中国化，这一宏旨尚未实现。因为，这涉及更为复杂的问题。首先，根据知识社会学的观点，"整体综合的倾向必然体现在某些社会集团的意志之中"。"能做到这一点的，只能是一个相对不具有阶级性的，没有被太牢固地安排在社会地位上的阶层。"[1] 这一阶层，

---

① ［德］卡尔·曼海姆：《意识形态与乌托邦》，黎鸣、李书崇译，商务印书馆 2000 年版，第 156、158 页。

即以"教育"为共同纽带的知识分子群体。然而，对于当代中国的知识分子而言，无论从阶级地位、思想内容上，还是从理论方法上，能否实现类似黑格尔、马克思的理论综合，这是一个有待确证的问题。其次，法兰克福学派批判理论的社会基础是启蒙现代性已经发展到了很高的阶段。中国理论界援引批判理论的目的则是继续启蒙，塑造社会主义现代公民。这是中国的批判理论知识形态建构所面临的历史错位。最后，本书研究重点论及的是法兰克福学派第一代和第二代的代表成员，并未论及批判理论的最新发展——政治哲学转向。这就意味着，批判理论在中国现代性构建中还具备持续的被借用潜力和创造性转化的空间，批判理论本土化问题还有待在历史的演进过程中继续追问和探索。

参考文献

一、经典文献

1. 《马克思恩格斯选集》第1—4卷，人民出版社2012年版。

2. 《马克思恩格斯全集》第3卷，人民出版社2002年版。

3. 《马克思恩格斯全集》第46卷（上），人民出版社1979年版。

4. 《马克思恩格斯全集》第46卷（下），人民出版社1980年版。

5. 《马克思格斯全集》第47卷，人民出版社1979年版。

6. 《毛泽东选集》第三卷，人民出版社1991年版。

7. 《邓小平文选》第二卷，人民出版社1994年版。

8. 《邓小平文选》第三卷，人民出版社1993年版。

9. 《江泽民文选》第一卷，人民出版社2006年版。

10. 《江泽民文选》第三卷，人民出版社2006年版。

11. 中共中央文献研究室编：《十六大以来重要文献选编》（下），中央文献出版社2008年版。

12. 《坚定不移沿着中国特色社会主义道路前进　为全面建成小康社会而奋斗——在中国共产党第十八次全国代表大会上的报告》，人民出版社2012年版。

13. 马克思：《机器。自然力和科学的应用》，人民出版社1978年版。

14. 《习近平谈治国理政》第一、二卷，外文出版社2018、2017年版。

15. 《在哲学社会科学工作座谈会上的讲话》，人民出版社2016年版。

二、著作类

（一）法兰克福学派的著述

1. [德] 马克斯·霍克海默：《批判理论》，李小兵等译，重庆出版社1989年版。

2. [德] 马克斯·霍克海默、西奥多·阿多诺:《启蒙辩证法——哲学断片》,渠敬东、曹卫东译,上海人民出版社 2003 年版。

3. 曹卫东编选:《霍克海默集:文明批判》,渠东、付德根译,上海远东出版社 2004 年版。

4. [德] 西奥多·阿多诺:《否定的辩证法》,张峰译,重庆出版社 1993 年版。

5. [德] 西奥多·阿多诺:《美学理论》,王柯平译,四川人民出版社 1998 年版。

6. [美] 赫伯特·马尔库塞:《理性和革命——黑格尔和社会理论的兴起》,程志民等译,上海人民出版社 2007 年版。

7. [美] 赫伯特·马尔库塞:《单向度的人——发达工业社会意识形态研究》,刘继译,上海译文出版社 2008 年版。

8. [美] 赫伯特·马尔库塞:《爱欲与文明——对弗洛伊德哲学思想的哲学探讨》,黄勇、薛民译,上海译文出版社 2008 年版。

9. [美] 赫伯特·马尔库塞:《苏联的马克思主义——一种批判的分析》,张翼星、万俊人译,中国人民大学出版社 2012 年版。

10. [美] 赫伯特·马尔库塞:《审美之维》,李小兵译,广西师范大学出版社 2001 年版。

11.《现代文明与人的困境——马尔库塞文集》,李小兵等译,生活·读书·新知三联书店 1989 年版。

12. [德] 哈贝马斯:《公共领域的结构转型》,曹卫东等译,学林出版社 1999 年版。

13. [德] 哈贝马斯:《作为“意识形态”的技术与科学》,李黎、郭官义译,学林出版社 1999 年版。

14. [德] 尤尔根·哈贝马斯:《重建历史唯物主义》(修订版),郭官义译,社会科学文献出版社 2013 年版。

15. [德] 尤尔根·哈贝马斯:《交往行为理论:行为合理性与社会合理性》,曹卫东译,上海人民出版社 2004 年版。

16. [德] 哈贝马斯:《后形而上学思想》,曹卫东、付德根译,译林出版社 2012 年版。

17. [德] 哈贝马斯:《现代性的哲学话语》,曹卫东等译,译林出版社 2004 年版。

18. 包亚明主编:《现代性的地平线——哈贝马斯访谈录》,李安东、段怀清译,上海人民出版社 1997 年版。

19.中国社会科学院哲学研究所编:《哈贝马斯在华讲演集》,人民出版社 2002年版。

(二)其他著作

1.[德]阿梅龙、[德]狄安涅、刘森林主编:《法兰克福学派在中国》,社会科学文献出版社 2011 年版。

2.[美]爱德华·W.萨义德:《世界·文本·批评家》,李自修译,生活·读书·新知三联书店 2009 年版。

3.[美]艾恺:《世界范围内的反现代化思潮——论文化守成主义》,贵州人民出版社 1991 年版。

4.[法]波德莱尔:《波德莱尔美学论文选》,郭宏安译,人民文学出版社 2008年版。

5.曹卫东:《交往理性与诗学话语》,天津社会科学院出版社 2001 年版。

6.程光炜:《文学讲稿:"八十年代"作为方法》,北京大学出版社 2009 年版。

7.邓正来:《市民社会理论的研究》,中国政法大学出版社 2002 年版。

8.董学文、荣伟编:《现代美学新维度——"西方马克思主义"美学论文精选》,北京大学出版社 1990 年版。

9.复旦大学哲学系现代西方哲学研究室编译:《西方学者论〈一八四四年经济学—哲学手稿〉》,复旦大学出版社 1983 年版。

10.傅永军:《法兰克福学派的现代性理论》,社会科学文献出版社 2007 年版。

11.甘阳主编:《八十年代文化意识》,上海人民出版社 2006 年版。

12.[德]H.贡尼、R.林古特:《霍克海默传》,任立译,商务印书馆 1999 年版。

13.公羊主编:《思潮——中国"新左派"及其影响》,中国社会科学出版社2003 年版。

14.郭建荣主编:《中国科学技术纪事(1949—1989)》,人民出版社 1990 年版。

15.[美]汉娜·阿伦特:《极权主义的起源》,林骧华译,生活·读书·新知三联书店 2008 年版。

16.金观涛:《在历史的表象背后》,四川人民出版社 1984 年版。

17.贺金瑞等:《新时期马克思主义哲学创新发展论辩》,百花洲文艺出版社2007 年版。

18.[德]黑格尔:《法哲学原理》,范扬、张企泰译,商务印书馆 2009 年版。

19.[德]H.R.姚斯、[美]R.C.霍拉勃:《接受美学与接受理论》,周宁、金元浦译，辽宁人民出版社 1987 年版。

20. 黄楠森：《人学的科学之路》，河南人民出版社 2011 年版。

21. 胡绳：《马克思主义与改革开放》，中国社会科学出版社 2000 年版。

22. [德] 卡尔·曼海姆：《意识形态与乌托邦》，黎鸣、李书崇译，商务印书馆
2000 年版。

23. 黎德化：《新时期人与文化的反思》，百花洲文艺出版社 2006 年版。

24. 李佃来：《公共领域与生活世界——哈贝马斯市民社会理论研究》，人民出
版社 2006 年版。

25.《李泽厚十年集》（第三卷·下），安徽文艺出版社 1994 年版。

26. 李泽厚：《历史本体论》，生活·读书·新知三联书店 2006 年版。

27. 李泽厚：《中国现代思想史论》，东方出版社 1987 年版。

28. 刘禾：《跨语际实践——文学，民族文化与被译介的现代性（中国，1900—
1937)》（修订译本），生活·读书·新知三联书店 2008 年版。

29. 刘军宁等编：《经济民主与经济自由》，生活·读书·新知三联书店 1997
年版。

30. 刘青峰：《让科学的光芒照亮自己：近代科学为什么没有在中国产生》，新
星出版社 2006 年版。

31. 刘小枫：《现代性社会理论绪论——现代性与现代中国》，上海三联书店
1998 年版。

32. 刘小枫：《诗化哲学》，华东师范大学出版社 2007 年版。

33. [德] 罗尔夫·维格豪斯：《法兰克福学派：历史、理论及政治影响》，孟登
迎等译，上海人民出版社 2010 年版。

34. 罗岗、倪文尖编：《90 年代思想文选》第一卷，广西人民出版社 2000 年版。

35. [匈] 卢卡奇：《历史与阶级意识——关于马克思主义辩证法的研究》，杜章
智等译，商务印书馆 1996 年版。

36. [美] 马丁·杰伊：《法兰克福学派史（1923—1950)》，单世联译，广东人
民出版社 1996 年版。

37. [德] 马克斯·韦伯：《经济与社会》第一卷，阎克文译，上海人民出版社
2010 年版。

38. [苏] 尼·布哈林：《历史唯物主义理论——马克思主义社会学通俗教材》，
东方出版社 1988 年版。

39. [英] 尼格尔·多德：《社会理论与现代性》，陶传进译，社会科学文献出版

社 2002 年版。

40. 欧力同、张伟：《法兰克福学派研究》，重庆出版社 1990 年版。

41. [英] 佩里·安德森：《西方马克思主义探讨》，高铦等译，人民出版社 1981 年版。

42. 桑兵等：《近代中国的知识与制度转型》，经济科学出版社 2013 年版。

43. 刘小枫编：《苏格拉底问题与现代性》，华夏出版社 2008 年版。

44. [美] 斯蒂芬·埃里克·布隆纳：《重申启蒙——论一种积极参与的政治》，殷杲译，江苏人民出版社 2006 年版。

45. 王晓明编：《人文精神寻思录》，文汇出版社 1996 年版。

46. 王晓升：《为个性自由而斗争——法兰克福学派社会历史理论评述》，社会科学文献出版社 2009 年版。

47. 汪行福：《走出时代的困境——哈贝马斯对现代性的反思》，上海社会科学院出版社 2000 年版。

48. [美] 微拉·施瓦支：《中国的启蒙运动——知识分子与五四运动》，李国英等译，山西人民出版社 1989 年版。

49. 《吴大猷科学哲学文集》编辑组编：《吴大猷科学哲学文集》，社会科学文献出版社 1996 年版。

50. 徐贲：《文化批评往何处去——八十年代末后的中国文化讨论》，吉林出版集团有限责任公司 2011 年版。

51. 许纪霖、罗岗等：《启蒙的自我瓦解：1990 年代以来中国思想文化界重大论争研究》，吉林出版集团有限责任公司 2007 年版。

52. 杨春贵主编：《中国哲学四十年（1949—1989)》，中共中央党校出版社 1989 年版。

53. 仰海峰：《西方马克思主义的逻辑》，北京大学出版社 2010 年版。

54. 杨河、邓安庆：《康德黑格尔哲学在中国》，首都师范大学出版社 2002 年版。

55. 杨小滨：《否定的美学——法兰克福学派的文艺理论和文化批评》，上海三联书店 1999 年版。

56. 衣俊卿：《西方马克思主义概论》，北京大学出版社 2008 年版。

57. [德] 伊曼努尔·康德：《道德形而上学基础》，孙少伟译，九州出版社 2007 年版。

58. [德] 康德：《纯粹理性批判》，邓晓芒译，人民出版社 2004 年版。

59.尤战生:《流行的代价——法兰克福学派的大众文化批判理论研究》,山东大学出版社 2006 年版。

60.俞吾金、陈学明:《国外马克思主义哲学流派》,复旦大学出版社 1990 年版。

61.余英时:《余英时文集第六卷——民主制度与近代文明》,广西师范大学出版社 2006 年版。

62.余英时:《人文·民主·思想》,海豚出版社 2011 年版。

63.查建英:《八十年代:访谈录》,生活·读书·新知三联书店 2006 年版。

64.[美] 詹姆斯·施密特编:《启蒙运动与现代性——18 世纪与 20 世纪的对话》,徐向东、卢华萍译,上海人民出版社 2005 年版。

65.张一兵、胡大平:《西方马克思主义哲学的历史逻辑》,南京大学出版社 2003 年版。

66.张一兵、夏凡:《人的解放》,河南人民出版社 2011 年版。

67.张斌峰、何卓恩编:《殷海光文集三卷——正确思想的评准》(修订本),湖北人民出版社 2009 年版。

68.赵敦华:《西方哲学简史》(修订版),北京大学出版社 2001 年版。

69.赵勇:《整合与颠覆:大众文化的辩证法》,北京大学出版社 2005 年版。

70.中国科学院自然科学史研究所编:《科技发展的历史借鉴与成功启示》,科学出版社 1998 年版。

71.周宪主编:《文化现代性精粹读本》,中国人民大学出版社 2006 年版。

72.资中筠:《启蒙与中国社会转型》,社会科学文献出版社 2011 年版。

73.张君劢、丁文江等:《科学与人生观》,山东人民出版社 1997 年版。

74.刘军宁等编:《经济民主与经济自由》,生活·读书·新知三联书店 1997 年版。

75.《学人》第 6 辑,江苏文艺出版社 1994 年版。

三、期刊论文类

1.曹卫东:《法兰克福学派的历史效果》,《读书》1997 年第 11 期。

2.曹卫东:《哈贝马斯在汉语世界的历史效果——以〈公共领域的结构转型〉为例》,《现代哲学》2005 年第 1 期。

3.柴方国:《波洛克与法兰克福学派》,《马克思主义与现实》1995 年第 1 期。

4.陈慧平:《当启蒙成为神话,解放如何可能?——再论〈启蒙辩证法〉的思想遗产》,《马克思主义与现实》2012 年第 5 期。

5. 陈俊妮：《论"两个传播学派在中国的发展"》，《国际新闻界》2012 年第 1 期。

6. 陈锐：《马克思主义与 18 世纪的启蒙哲学》，《哲学研究》1999 年第 6 期。

7. 陈学明：《法兰克福学派的批判理论在当代中国的意义》，《江海学刊》2000 年第 5 期。

8. 陈学明等：《论新时期中国学界理解马克思主义哲学的三种路向》，《学术月刊》2017 年第 3 期。

9. [德] 狄安涅：《"批判的向度：法兰克福学派在中国的影响"国际学术讨论会综述》，《哲学动态》2009 年第 2 期。

10. 丰子义：《马克思现代性思想的当代解读》，《中国社会科学》2005 年第 4 期。

11. 丰子义、郗戈：《法兰克福学派社会批判理论与当代中国现代性建构》，《学习与探索》2009 年第 2 期。

12. 丰子义：《全球化与资本的双重逻辑》，《北京大学学报（哲学社会科学版）》2009 年第 3 期。

13. 傅永军：《理性缺位的总体性批判——论哈贝马斯对〈启蒙辩证法〉的批评》，《山东大学学报（哲学社会科学版）》2006 年第 6 期。

14. 高涵：《法兰克福学派的知识社会学思想研究》，南开大学博士学位论文，2010 年。

15. 高亮华：《技术理性问题探讨》，《哲学研究》1993 年第 2 期。

16. 高山奎：《"奥斯维辛"的哲学批判——阿伦特和施特劳斯犹太思想的三个理论歧见》，《人文杂志》2012 年第 1 期。

17. 龚育之：《对新世纪科技发展的人文思考——兼论所谓反对科学主义》，《理论前沿》2001 年第 7 期。

18. 顾乃忠：《评〈甲申文化宣言〉的学理基础》，《南京大学学报（哲学·人文科学·社会科学版）》2006 年第 1 期。

19. 贺翠香：《法兰克福学派在中国的影响及其意义》，《马克思主义与现实》2012 年第 1 期。

20. 贺桂梅：《1980 年代"文化热"的知识谱系与意识形态（上）》，《励耘学刊（文学卷）》2008 年第 1 期。

21. 贺桂梅：《1980 年代"文化热"的知识谱系与意识形态（下）》，《励耘学刊（文学卷）》2008 年第 2 期。

22. 贺来：《马克思哲学与"现代性"课题》，《吉林大学社会科学学报》2000 年第 3 期。

23. 贺来：《"现代性的反省"与马克思哲学研究纵深推进的生长点》，《求是学刊》2005 年第 1 期。

24. 何卓恩：《"民主"所需要的"科学"——中国自由派学人科学与民主关系论述的世纪演变》，《武汉理工大学学报（社会科学版）》2004 年第 4 期。

25. 胡乔木：《关于人道主义和异化问题》，《人民日报》1984 年 1 月 27 日。

27. 黄楠森：《西方马克思主义与人道主义》，《北京大学学报（哲学社会科学版）》1987 年第 1 期。

28. 许嘉璐等：《甲申文化宣言》，《文学报》2004 年 9 月 9 日。

29. 金民卿：《后现代精神和中国大众文化发展》，《北京大学学报（哲学社会科学版）》2001 年第 2 期。

30. 匡宇：《阿多诺研究在中国》，《中外文化与文论》2011 年第 2 期。

31. 雷颐：《今天非常"法兰克福"》，《读书》1997 年第 12 期。

32. 李工真：《对纳粹暴政与德意志历史最早的反思——德国流亡社会科学家与纳粹主义研究》，《世界历史》2011 年第 3 期。

33. 李佑新：《现代性问题与中国现代性的建构》，《北京大学学报（哲学社会科学版）》2005 年第 2 期。

34. 李宗克、曹锦清：《本土化何以可能——社会科学中反思普遍主义的主要视角》，《学术月刊》2013 年第 9 期。

35. 刘青峰：《二十世纪中国科学主义的两次兴起》，《二十一世纪》1991 年第 4 期。

36. 刘森林：《〈启蒙辩证法〉与中国虚无主义》，《现代哲学》2009 年第 1 期。

37. 刘森林：《启蒙与焦虑：以〈启蒙辩证法〉为核心的分析》，《天津社会科学》2011 年第 6 期。

38. 卢之超：《80 年代那场关于人道主义和异化问题的争论》，《当代中国史研究》1999 年第 4 期。

39. 马国川：《金观涛：八十年代的一个宏大思想运动》，《经济观察报》2008 年 4 月 28 日。

41. 陶东风：《批判理论的语境化与中国大众文化批评》，《中国社会科学》2000 年第 6 期。

42. 陶东风：《研究大众文化与消费主义的三种范式及其西方资源——兼谈"日常生活的审美化"并答赵勇博士》，《河北学刊》2004 年第 5 期。

43. W. 威尔士：《理性：传统和当代》，张敦敏译，《哲学译丛》2000 年第 4 期。

44. 王德峰：《论法兰克福学派的现代性批判的马克思主义方向》，《求是学刊》

2004 年第 4 期。

45. 王凤才：《科学技术作为意识形态——哈贝马斯科技意识形态论》，《山东科技大学学报（社会科学版）》2004 年第 4 期。

46. 汪晖：《当代中国的思想状况与现代性问题》，《文艺争鸣》1998 年第 6 期。

47. 王晓升：《现代性、现代主义和后现代主义——概念的梳理》，《华中科技大学学报（社会科学版）》2017 年第 5 期。

48. 汪洋：《法兰克福学派理论在中国的运用》，《社会科学论坛》2005 年第 5 期。

49. 魏波：《中国现代性建构中的知识困境》，《自然辩证法研究》2012 年第 2 期。

50. 吴海江：《"科技"一词的创用及其对中国科学与技术发展的影响》，《科学技术与辩证法》2006 年第 5 期。

51. 郗戈：《历史唯物主义中国化与中国现代性建构》，《江海学刊》2012 年第 1 期。

52. 郗戈：《"新现代性"：马克思现代性理论的建设性维度》，《马克思主义研究》2013 年第 4 期。

53. 肖伟胜：《波德莱尔的审美现代性思想及其开创性意义》，《学术月刊》2008 年第 8 期。

54. 邢贲思：《哲学的启蒙和启蒙的哲学》，《人民日报》1978 年 7 月 22 日。

55. 徐友渔：《西方马克思主义在中国》，《读书》1998 年第 1 期。

56. 徐友渔：《自由主义与当代中国》，《开放时代》1999 年第 3 期。

57. 仰海峰：《世纪之交的人学逻辑转换——从古典人本主义到新人本主义》，《江海学刊》1998 年第 5 期。

58. 仰海峰：《后现代语境与马克思哲学总体性概念的再思考》，《现代哲学》2004 年第 4 期。

59. 杨美惠、叶楠：《传统、旅行的人类学与中国的现代性话语》，《中国农业大学学报（社会科学版）》2007 年第 2 期。

60. 叶秀山：《启蒙的精神与精神的启蒙》，《江苏行政学院学报》2013 年第 1 期。

61. 张光芒：《从"启蒙辩证法"到"欲望辩证法"——20 世纪 90 年代以来中国文学与文化转型的哲学脉络》，《江海学刊》2005 年第 2 期。

62. 张太原：《从马克思主义与中国传统文化的亲和性看反封建的未竟任务》，《理论动态》2013 年第 24 期。

63. 张维迎：《改革需要新启蒙》，《中国周刊》2013 年第 5 期。

64. 张一兵：《西方马克思主义之后：理论逻辑和现实嬗变——西方马克思主义、后（现代）马克思思潮与晚期马克思主义》，《福建论坛（人文社会科学版）》

2000 年第 4 期。

65. 张颐武：《人文精神：一种文化冒险主义》，《光明日报》1995 年 7 月 5 日。

66. 赵勇：《法兰克福学派的中国之旅——从一篇被人遗忘的"序言"说起》，《书屋》2004 年第 3 期。

67. 赵勇：《法兰克福学派的"理论旅行"：读〈法兰克福学派在中国〉》，《新闻学研究》第 111 期。

68. 赵勇：《未结硕果的思想之花——文化工业理论在中国的兴盛与衰落》，《文艺争鸣》2009 年第 11 期。

69. 周扬：《三次伟大的思想解放运动——在中国社会科学院召开的纪念五四运动六十周年学术讨论会上的报告》，《人民日报》1979 年 5 月 7 日。

70. 周扬：《关于马克思主义的几个理论问题的探讨》，《人民日报》1983 年 3 月 16 日。

71. 朱高正：《自由主义与社会主义的对立与互动》，《中国社会科学》1999 年第 6 期。

72. 朱国华：《现代性视阈与批判理论》，《黑龙江社会科学》2007 年第 4 期。

73. 朱国华：《阿多诺的大众文化观与中国语境》，《文艺研究》2012 年第 11 期。

74. [德] 霍克海默：《社会哲学的现状与社会研究所的任务》，王凤才译，《马克思主义与现实》2011 年第 5 期。

四、外文类

1. Bernstein, J. M., *The Frankfurt School: Critical Assessments*（v.1）（v.2）（v.3）（v.4）（v.5）（v.6），Routledge, 1994.

2. Herbert Marcuse, *Negations: Essays in Critical Theory*, Beacon Press, 1968.

3. Jing Wang, *High Culture Fever: Politics, Aesthetics and Ideology in Deng's China,* Berkeley: University of California Press, 1996.

4. Martin Jay, *Permanent Exiles: Essays on the Intellectual Migration from Germany to America*, Columbia University Press, 1986.

5. Max Horkheimer, *Eclipse of Reason*, Columbia University Press,1946.

6. Max Horkheimer and Theodor W. Adorno, *Dialectic of Enlightenment-Philosophical Fragments,* Stanford University Press, 2002.

7. Theodor W. Adorno, *The Culture Industry: Selected Essays on Mass Culture*, London: Routledege, 1991.

责任编辑：郭　娜

责任校对：黎　冉

装帧设计：周方亚

图书在版编目（CIP）数据

法兰克福学派与中国现代性构建研究／吕红霞　著 . —北京：

人民出版社，2019.12

ISBN 978－7－01－021614－0

I.①法…　II.①吕…　III.①法兰克福学派－研究②现代哲学－研究－中国

IV.① B089.1 ② B262

中国版本图书馆 CIP 数据核字（2019）第 267539 号

法兰克福学派与中国现代性构建研究
FALANKEFU XUEPAI YU ZHONGGUO XIANDAIXING GOUJIAN YANJIU

吕红霞　著

人民出版社 出版发行

（100706　北京市东城区隆福寺街 99 号）

北京盛通印刷股份有限公司印刷　新华书店经销

2019 年 12 月第 1 版　2019 年 12 月北京第 1 次印刷

开本：710 毫米 ×1000 毫米 1/16　印张：14

字数：200 千字

ISBN 978－7－01－021614－0　定价：68.00 元

邮购地址 100706　北京市东城区隆福寺街 99 号

人民东方图书销售中心　电话（010）65250042　65289539